목사가 알고 싶은
성도의 속마음

목사가 알고 싶은
성도의 속마음

개정판 1쇄 발행 2022년 5월 13일
개정판 2쇄 발행 2022년 6월 17일

지은이   최영기
편 집   편집위원
디자인   이명애

펴낸곳   엎드림 출판사
등 록   제2021-000013호
주 소   17557 경기도 안성시 공도읍 심교길 24-5
전 화   010-6220-4331

값 13,000원
ISBN 979-11-977654-3-8 03230

목사가 알고 싶은

성도의
속마음

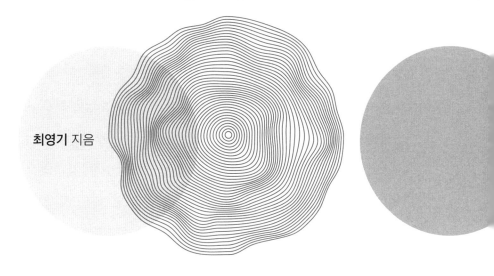

최영기 지음

엎드림
출판사
UP DREAM

행복한 목회자, 행복한 성도가 될 수 있다

목회가 힘들다고 하는 분들이 많다. 그러나 필자는 목회가 항상 재미있었다. 필자는 공학 박사 취득 후 연구실에서 연구 생활을 하다가 41세에 신학원에 입학하여 44세에 안수를 받았다. 40세까지 오래동안 평신도로 사역했기 때문에 평신도의 마음을 잘 알아서 그런 것이 아닌가 싶다.

평신도 때 목회자들이 꼭 이렇게 해주었으면 하고 바랐던 것들이 있었다. 또 목회자들이 제발 하지 말아주었으면 했던 것들도 있었다. 자신이 목회자가 된 후에, 목회자들이 꼭 해주었으면 하고 바랐던 것을 하고, 하지 말았던 것을 안 하니까, 성도들이 행복해 했고, 자발적으로 헌신 하였기 때문에 목회가 힘들지 않았다.

이처럼 성도들의 마음을 알아주면 목회자의 목회는 즐거워지고, 성도들의 교회 생활은 행복해지는데, 이러지 못해서 목회에 어려움을 겪는 목회자들이 안타까워서, '목사가 알고 싶은 성도의 속마음'을 집필하여 규장을 통해 2004년에 출간하였다.

그동안 절판이 되었는데, 이 책을 찾는 사람들이 많아서, 이번에 엎드림 출판사를 통하여 다시 출간하게 되었다.

이 책을 통해 목회자들은 평신도의 마음을 알게 될 것이다. 그러나 이 책이 진정으로 목회에 도움이 되려면 목회자가 성경적인 교회관과 성경적인 목회관을 갖는 것이 우선한다고 생각한다. 이러한 교회를 추구하고 이러한 목회를 하고자 하는 목회자를 염두에 두고 쓰여졌기 때문이다.

목회의 팁을 얻기 위하여 이 책을 읽기 시작한 독자들도, 이 책을 끝낼 때에는 성경적인 교회를 이루겠다는 결심을 하게 되면 좋겠다.

2022년 5월
최영기 목사

성도들은 믿음으로 사는 것이 어떤 것인지 보여주는 목회자를 찾는다.
성도들은 진정한 믿음을 가진 목회자를 신뢰하며 따른다.

목회자는 평신도 사역자를 세워야 한다. 이들이 보람을 느끼며
사역할 수 있도록 훈련시켜주고, 기회를 만들어주고, 맡겨주어야 한다.
성도들은 이런 목회자의 사역 방침에 헌신하며 따른다.

목회자의 삶이 투명해서 그가 어떤 생각을 하는지,
어떤 삶을 사는지 성도들이 알아야 성도가 목회자를
신뢰하며 충성하게 된다.

목회 리더십의 시작은 하나님을 향한 절대 순종이다.
목회자 자신이 하나님께 순종하지 않으면 교인들은 목회자에게
순종하지 않는다.
이런 목회자는 리더십을 제대로 행사할 수 없으며 교회는
화평을 누리지 못하게 된다.

7장 _ 성도의 순종 속마음 :
성도는 영혼을 사랑하는 목사에게 순종한다

교회의 존재 목적은 영혼을 구원하여 제자 만드는 것이다.
성도는 분명한 목표를 가지고 영혼 구원의 열정으로 들끓는
목회자에게 순종한다.

행복한 교회를 만들고 행복한 교인을 만들기 원한다면
우선 목회자가 행복해야 한다.
인간은 보고 배우는 존재이다. 교인들은 담임목사를 닮는다.
담임목사가 행복하면 교인들도 행복해진다.
담임목사가 행복하지 못하면 교인들도 행복해지지 못한다.
교인들은 행복한 목사를 보고 감동한다.

1장

성도의 감동 속마음:
성도는 행복한 목사에게 감동을 받는다

행복한 목회자가 끼치는 파장

성도는 행복한 목회자를 원한다.

한 아동심리학자의 연구 결과에 따르면, 어린이들에게 가장 필요한 것은 부모가 그들에게 보여주는 관심보다 부모가 서로 사랑하는 모습이라고 한다. 부모가 행복할 때에 가정의 분위기가 안정되고 자녀들이 건강하게 자란다는 의미이다. 어린 자녀들이 분위기에 얼마나 민감한지는 부모가 냉전 중일 때에 자녀들이 얼마나 불안해 하는지 겪어본 분들이 잘 알 것이다.

교회에서 부모의 역할을 하는 것이 목회자이다. 목회자는 그 교회의 분위기를 결정한다. 목회자가 행복하면 교회 전체가 밝아지고 교인들의 마음에도 안정감이 깃든다. 그러나 목회자가 낙심한 모습, 욕구 불만에 찬 모습, 분노하는 모습을 보이면 교회의 분위기는 전체적으로 불안정해진다.

어떤 목사님이 교회를 개척했다. 곧 부흥이 되리라 기대했지만 그렇지 못했다. 어렵게 교회에 등록시킨 교인들마저 얼마 있다가 줄줄이 떠나버리고 말았다. 크게 낙심한 목사님은 어느 주일 설교 시간에 강단에서 눈물을 흘렸다고 한다.

같은 목회자로서 충분히 이해가 되는 일이다. 그러나 그 교회 교인의 입장에서 보면 얼마나 당혹스러웠을지 생각해보라. 다른 일도 아니고 교회가 부흥하지 않는다고 눈물을 흘리는 목사님을 앞에 두고 교인들이 얼마나 어색하고 부담스러웠을까? 그후 교회 분위기가 전보다 더 가라앉았으리라는 것은 쉽게 짐작해볼 수 있는 일이다. 이런 경험을 한 교인들이 즐거운 마음으로 교회에 나오는 일은 쉽지 않다.

사람은 행복을 추구한다. 이것은 이기적인 일이 아니다. 인간의 본성이다. 하나님께서는 인간이 행복을 추구하도록 만드셨다. 인간이 행복할 때에 하나님도 행복하시다. 하나님께서 인간에게 계명을 주신 것도 인간이 행복하도록 주신 것이다. 따라서 인간은 행복한 사람에게 끌리고 행복한 사람을 따르게 되어 있다.

그러나 세상의 지혜와 방법으로는 행복을 누릴 수가 없다. 하나님의 뜻 안에 우리의 진정한 행복이 있다. 그러므로 인간에게 진정한 행복을 맛보게 해줄 수 있는 곳은 교회밖에 없다고 말할 수 있겠다. 교회의 행복, 교인의 행복에 가장 큰 영향을 미치는 것이 그 교회의 담임목사이다. 담임목사가 행복할 때에 교인들이 행복해진다. 담임목사가 행복하지 못하면 교인들도 행복하지 못하다.

그러므로 행복한 교회를 만들고 행복한 교인을 만들기 원한다면 우선 목회자가 행복해야 한다. 인간은 보고 배우는 존재이다. 교인들은 담임목사를 닮는다. 담임목사가 행복하면 교인들도 행복해진다. 담임목사가 행복하지 못하면 교인들도 행복해지지 못한다. 교인들은 행복한 목사를 보고 감동한다.

목회자를 따라 배우는 성도

그런데 인간이 보고 배운다는 이 평범한 진리가 무시되고 있는 것 같다. 어떤 교회에서 담임목사님이 은퇴하시고 후임으로 젊은 목사님을 청빙했다. 은퇴한 목사님은 그 교회를 개척하고 열정적으로 목회하시던 분이었다. 그러나 목회 방식은 지극히 전통적이었다.

목사님의 은퇴 시기가 가까워오면서 불만을 느끼는 교인들도 많아졌다. 다행히 새로 부임한 후임 목사님은 젊고 정열적이고 신선한 아이디어도 많이 가지고 있었다. 전임 목사님에게서 느꼈던 부족감을 다채울 수 있을 만한 그런 분이었다. 주위 사람들은 이런 좋은 후임 목회자가 부임하는 교회에 이제 곧 큰 부흥이 일어나리라 기대했다.

그런데 얼마 후 후임 목사님이 교회를 사임했다는 소식이 들려왔다. 사연인즉 교인들의 반발 때문이라는 것이다. 너무 급격히 교회를 바꾸려 한다고 불평하는 교인들과 신임 목사님의 갈등이 증폭되면서 마침내 목사님이 교회를 떠나는 것으로 결말지어졌다는 것이다.

아이러니하게도 목사님을 쫓아낸 교인들이 바로 전임 목사님의 목회 방법이 고루하다고 불평하던 사람들이었다고 한다. 그러면 기존 방식에 불만을 가졌던 교인들이 왜 새로운 목사님이 시도하려는 새 일에 또다시 반기를 들었을까? 그들은 그간 기존의 방식에 대해 불평하면서 자신도 모르게 전임 목사님의 목회 방식에 익숙해져버렸다. 이미 전임 목사님의 목회관과 교회관이 몸에 밴 교인들은 새로운 것을 시도하려는 신임 목사님을 거부하게 되고 마침내 사임하도록 만든 것이다.

교인들은 담임목사를 보고 배운다. 흉을 보면서 배운다. 교단 총회 같은 곳에서 발언을 많이 하는 목사님을 보면 속으로 이런 생각이 든다.

'그 분, 참 목회가 힘드시겠구나.'

목회자가 따지기 좋아하면 교인들도 틀림없이 따지기를 좋아할 테니 말이다. 그러므로 담임목사는 행복해야 한다. 사람은 행복한 사람에게 끌리고 행복한 사람 주위에 모이게 되어 있다. 담임목사가 행복해야 교인들이 행복하다. 교인들이 행복해야 믿지 않는 사람들이 교회에 호기심을 느끼고 찾아오게 된다.

행복한 교회, 행복한 목회자

대개 인간은 논리적이고 합리적이라고 생각하는데 사실은 그렇지 않다. 인간은 대단히 감정적이다. 한국 사람은 더욱 그렇다. 중요한 결정을 내릴 때에도 이성보다 감정이 앞서는 결정을 내릴 때가 얼마나 많은지 모른다. 대학에서 무엇을 전공할지 결정할 때에도 '남들이 보기에 멋져 보이는' 전공을 선택한다. 선을 보고 결혼을 결정할 때조차 얼마나 사소한 것에 마음이 끌리는지 모른다. 선보는 자리에 정장을 하지 않고 평상복 차림으로 나왔다든지, 웃는 모습이 천진해 보였다든지…. 직장을 그만둘 때에도 '홧김에' 즉흥적으로 사표를 내던지는 경우가 많다.

많은 성도들이 불신자들을 논리적으로 설득시켜서 예수를 믿도록 해보려고 하는데 사실 신자의 논리에 설득되어 불신자가 예수를 믿게 되는 경우는 거의 없다고 보아도 좋다. 논리적으로 공략하려 하면 상대는 투지가 끓어올라서 오히려 더 반발하게 되어 있다.

불신자들이 기독교 신앙에 관심을 갖게 된다면 그것은 기독교인들의 행복한 모습을 보게 될 때이다. '저런 행복을 나도 느끼고 싶고 저런 행복감을 나도 소유하고 싶다'는 생각 때문에 예수에 대하여 관심을 갖게 되고 예수를 믿게 되는 것이다.

몇 년 전 일이다. 휴스턴에 총영사님이 새로 부임해오셨다. 이분이 우리 교회에 나오기 시작했는데, 새 교우 환영회에서 어떻게 이 교회에 나오게 되었는지 그 동기를 소개하는 순서가 되었다. 그는 이렇게 말했다.

"휴스턴에 새로 부임하여 한인(韓人) 유지들을 만났는데 그중에 얼굴 표정이 밝고 편한 분들이 몇몇 눈에 띄었습니다. 이분들에게는 공통점이 있었는데 대부분 서울교회를 다닌다는 것이었습니다. 저도 그런 평안을 맛보고 싶어서 교회에 나오게 되었습니다."

이분은 얼마 후 예수님을 주님으로 영접했다. 기초 성경공부까지 마치고 나서 다른 곳으로 전근되어 우리 교회를 떠나셨지만 지금도 가끔 소식을 전해오고 있다.

전도하는 교회가 되려면 교회가 행복해야 한다. 교회가 행복하려면 담임목사가 행복해야 한다.

예수님에 관한 이미지 오류

많은 목회자들이 행복하지 못한 것 같다. 예수를 처음 믿었을 때나 목회자로 헌신했을 때에는 기쁨도 있고 행복도 느꼈을 텐데 목회 연륜이 길어지면서 점점 더 행복감을 느끼지 못하고 있는 것이다. 왜 그럴까?

가장 큰 이유는 예수님에 관한 잘못된 이미지 때문이라고 생각한다. 그리스도인이라면 누구나 그렇듯이 목회자들이 갖는 가장 큰 소원 역시 예수님을 닮는 것이다. 그렇지만 예수님에 관해 잘못된 이미지를 갖고 있는 한, 예수님을 닮으면 닮을수록 행복하지 않은 목회자, 재미없는 목회자가 되어버리는 것이다.

보통 우리가 연상하는 예수님의 모습은 십자가에 달리신 예수님,

겟세마네 동산에서 기도하시는 예수님의 모습이다. 고통받으시고 고뇌하시는 모습이다. 따라서 우리는 예수님을 닮기 위해서는 고통받는 사람, 고뇌하는 사람이 되어야 한다고 무의식중에 생각하게 된다. 이런 이미지가 "아무든지 나를 따라 오려거든 자기를 부인하고 자기 십자가를 지고 나를 좇을 것이니라"라는 주님의 명령과 맞물려서 주님을 닮기 위해서는 고뇌하는 사람이 되어야 한다고 생각하도록 만든다. 그래서 심각해지고 '불행'해져야 예수님을 닮아가는 것이라고 생각하게 된다.

우리 교회의 한 평신도 지도자가 지역교회 연합행사 준비차 모임에 참석했다. 모임을 주관하시는 목사님과 의논하는 가운데 개인적인 신앙 이야기가 나왔는데, 형제는 자신의 신앙생활이 행복하다고 말했다. 그랬더니 목사님이 정색을 하며 그를 나무랐다고 한다. 그 목사님은 고뇌하는 그리스도인이야말로 진정한 그리스도인이며, 행복한 그리스도인은 진정한 그리스도인이 아니라고 말했다. 형제는 더 이상 이야기를 나누어보았자 결말이 나지 않을 것 같아서 잠잠히 있었다고 한다. 그 목사님은 겉보기에도 무척 경직되어 있다는 인상을 풍기는 분이었다. 어쩌면 행복해서는 안 된다는 생각이 그런 인상을 만들지 않았을까?

직접 만나 깊은 이야기를 나눠보지는 못했지만 그 목사님이 행복을 두려워하는 이유는 예수님에 관해 잘못된 이미지를 갖고 있었기 때문이 아닐까 생각한다. 이런 분들은 행복하다고 느끼는 것에 가책을 느낀다. 소스라치게 놀라 행복을 쫓아내버린다. 고통을 느끼고 고뇌해야 비로소 안심한다.

그러나 행복하지 않은 목회자, 경직된 목회자 주위에는 사람들이 모이지 않는다. 행복도 불행도 전염성이 있다. 우리는 행복한 사람과 같이 있으면 행복하다고 느끼고, 불행한 사람과 같이 있으면 불행하다고 느낀다. 그러나 불행해지고 싶은 사람은 없다. 우리가 행복해 보이지 않는 목회자를 피하는 것은 어쩌면 당연한 일이다.

행복하지 못한 목회자가 목회하는 교회에서는 전도도 점점 힘을 잃는다. 사람들이 모이지 않기 때문이다. 전도하는 교회가 되기 위해서는 목회자가 행복해야 한다. 나는 예수께서 고뇌의 사람이었다는 잘못된 생각 때문에 목회자가 행복을 거부한다는 점을 지적했다. 물론 예수님은 고뇌하실 때도 있었다. 그러나 그런 모습은 예외적인 모습일 뿐 평소 모습이 아니라는 것을 증명해보이겠다. 진정 예수님을 닮으려면 예수님에 관한 올바른 이미지를 회복하는 것이 무엇보다 중요하기 때문이다.

행복한 예수님

나는 예수께서 행복한 분이셨다고 믿는다. 이 말에서 내가 의미하는 '행복'이란 무엇인지 먼저 말하겠다. '행복'을 정의(定義)하기란 쉽지 않다. '사랑'을 정의하는 것만큼이나 어렵다. 사랑을 정의하기 힘든 이유는 사랑이 관계이기 때문이다. 모든 인간관계를 한마디로 정의하기란 힘들다. 그래서 사도 바울도 고린도전서 13장, '사랑장'에서 사랑이 무엇인지 정의 내리지 않고 사랑하는 사람의 모습만 그리고 있는 것이다.

> "사랑은 오래 참고 사랑은 온유하며 투기하는 자가 되지 아니하며 사랑은 자랑하지 아니하며 교만하지 아니하며"(고전 13:4).

행복도 그렇다. 행복을 정의하기는 어렵다. 그러나 행복한 사람의 모습이 어떤지는 그려볼 수 있다.

행복한 사람은 사는 것이 즐겁다. 행복한 사람은 웃음이 많다. 행복한 사람은 주위 사람들을 기쁘게 해준다. 행복한 사람의 모습을 그려볼 수 있다면 반대로 행복하지 않은 사람의 모습도 그려볼 수 있다. 행복하지 않은 사람은 비관적이다. 행복하지 않은 사람은 웃을 줄 모른다. 행복하지 않은 사람은 이웃과의 관계도 불편하다.

이 관점에서 본다면 성경에서 가장 불행한 사람은 바리새인이며, 가장 행복한 사람은 예수님이다.

행복한 예수님의 모습은 성경 곳곳에 나타난다.

예수님은 파티를 즐기셨다. 예수님이 공생애를 시작하시면서 베푸신 첫 번째 기적, 즉 물을 포도주로 바꾸는 기적을 베푸신 자리 역시 혼인잔치 자리였다(요한복음 2장).

예수께서 잔치에 참여하셨을 때에는 오로지 의무감 때문에 참석하셨던 것으로 보이지는 않는다. 잔치 자리를 진정으로 좋아하시고 즐기셨기 때문에 참석하셨던 것이다. 혼인잔치 외에도 예수께서 여러 종류의 잔치에 참여하신 기록이 성경 곳곳에 나타나고 있다.

유대인들은 결혼식에서 함께 춤을 즐긴다. 예수께서 그런 자리에 가셨을 때에 한구석에 앉아 심각한 얼굴로 그들을 바라보기만 하셨을까? 그렇지 않다. 함께 담소하며 즐기셨을 것이다.

지금까지 예수님에 관한 영화가 많이 만들어졌다. 그런데 내가 불만스럽게 생각하는 것은 영화에서는 예수님을 너무 부자연스럽게 그린다는 것이다. 영화 '나사렛 예수'(the Jesus of Nazareth)를 보아도 그렇다. 고고학적인 고증이 잘 되어 있기는 한데, 영화에서 그려진 예수님의 모습은 전혀 자연스럽지 않다. 그 모습을 보며 예수님을 향해 외경심을 느낄 수 있을지 몰라도 친근감을 느끼지는 못할 것이다.

최근에 만들어지는 예수님에 관한 영화는 예수님의 모습이 비교적 밝게 표현되고 있다. 대학생선교회(CCC)에서 누가복음을 기초로 제작한 영화 '예수'(Jesus)는 예수님을 훨씬 밝고, 따뜻하게 그렸다.

그간 소개된 영화 중에서 가장 내 마음에 드는 영화는 최근에 미국 텔레비전 방송사인 CBS가 제작한 영화 '예수'(Jesus)이다. 이 영화는 2000년도 부활절에 처음으로 방영되었다. 그런데 이 영화는 '성경에 맞지 않는다', '제작 감독한 사람이 복음주의자가 아니다' 등등의 비판도 많이 받았다. 그렇지만 나는 이 영화가 좋다. 그 이유는 예수님이 이 영화에서 가장 실재에 가깝게 그려졌다고 생각되기 때문이다.

이 영화에 등장하는 예수님은 많이 웃으신다. 30대 청년답게 제자들과 장난도 치신다. 내게 특별히 인상적이었던 장면이 하나 있다. 잔치 집에서 춤판이 벌어지고 있다. 하객들이 손을 잡고 둥그렇게 둘러서서 춤을 춘다. 예수님도 이들과 어울려 춤을 추고 있다. 그런데 이러한 예수님을 못마땅한 눈으로 바라보는 사람이 있다. 누구일까? 바로 가룟 유다이다. 이때에 예수께서 가룟 유다에게 다가오신다. 그런 다음 그의 손을 이끌어 춤추는 무리에 끼어들게 하신다. 성경에는 이런 장면이 묘사되어 있지 않다. 하지만 나는 충분히 있을 수 있는 일이라고 생각한다.

루이스(C. S. Lewis)는 마귀를 희화한 소설「스크루테이프의 편지」(The Screwtape Letters)에서 마귀의 가장 큰 특징은 유머를 이해하지 못하는 것이라고 말했다. 마귀의 성품을 한마디로 표현하면 교만이다. 교만한 사람은 자신이 웃음거리가 되는 것을 참지 못한다. 남의 약점을 웃어넘기지도 못한다. 악마에게는 웃음이 없다. 그러므로 행복도 기쁨도 즐거움도 없다. 이런 악마의 종노릇을 하는 가룟 유다가 잔치의 즐거움에 참여할 줄도 모르고 행복해 하는 사람들을 못마땅하게 생각했으리라는 것은 충분히 상상할 수 있다.

즐겁고 자유로운 예수님

예수님은 인생을 즐기시는 행복한 분이셨다. 자신을 비난하는 사람들의 말을 인용한 것이기는 하지만 그분은 자신에 대하여 이렇게 말씀하신다.

> "요한이 와서 먹지도 않고 마시지도 아니하매 저희가 말하기를 귀신이 들렸다 하더니 인자(人子)는 와서 먹고 마시매 말하기를 보라 먹기를 탐하고 포도주를 즐기는 사람이요 세리와 죄인의 친구로다 하니"(마 11:18,19상).

예수님을 비난하는 사람들의 말을 인용한 것이니 액면 그대로 받아들일 수는 없겠다. 하지만 나는 이로써 예수님의 삶의 일면을 알 수 있다고 생각한다. 예수께서는 세상이 죄인이라고 질시하는 사람들로부터 초대를 받을 경우, 이에 자유롭게 응하셨다. 지금으로 치면 술집 여자들이 초청한 자리에도 편히 가셨다는 뜻이다. 또 거기서 포도주를 마시고 자유롭게 잔치를 즐기셨음을 짐작해볼 수 있다. 바리새인들도 죄인을 찾기는 했다. 그러나 그것은 전도를 목적으로 한 것이지 즐기기 위한 것은 아니었다. 바리새인들이 예수께 분노를 느낀 것은 예수께서 죄인을 찾아갔다는 사실 때문이 아니라 예수께서 그들과의 사귐을 진정으로 즐기셨기 때문이었다.

예수님은 재미있는 분이고 유머가 있는 분이셨다. 예수님은 곧잘 별명을 지어주시곤 했다.

> "이 열둘을 세우셨으니 시몬에게는 베드로란 이름을 더하셨고 또 세베대의 아들 야고보와 야고보의 형제 요한이니 이 둘에게는 보아너게 곧 우레의 아들이란 이름을 더하셨으며"(막 3:16,17).

예수님은 적어도 제자 세 명에게 별명을 붙여주셨다. 시몬에게는 베드로, 곧 '바위'라는 별명을, 요한과 야고보 형제에게는 보아너게, 곧 '우레의 아들'이라는 별명을 붙여주셨다. 아마도 예수님은 성격이 급하고 불같은 두 형제에게 "너희들은 어찌 그리 성격이 급하니? 마치 번갯불에 콩 볶아먹겠다고 하겠구나"라고 말씀하시며 이 별명을 붙여주시지 않았을까.

예수님이 별명을 붙여주신 것이 비단 제자들에게만 한정된 것은 아니었다. 헤롯이 예수님을 죽이려 한다는 소식을 전해 들으신 예수님은 그의 간교함을 가리키며 그를 '여우'라고 부르셨다.

> "곧 그때에 어떤 바리새인들이 나아와서 이르되 나가서 여기를 떠나소서 헤롯이 당신을 죽이고자 하나이다 가라사대 가서 저 여우에게 이르되"(눅 13:31,32상).

다른 사람에게 별명을 붙일 수 있는 사람은 재미있는 사람이다. 초등학교나 중고등학교 때 같은 학창시절을 돌아보더라도 별난 별명을 가지고 있거나 남에게 별명을 잘 지어주는 친구들은 재미있고 재치가 있는 친구들이었다는 것을 기억해낼 수 있을 것이다. 마찬가지로 예수께서도 재치가 있고 유머를 즐기는 행복한 분이셨다고 짐작해볼 수 있다.

또한 우리는 예수님의 가르침과 비유를 통해서 예수께서 재치 있는 분이셨음을 짐작할 수 있다. 예수님은 흥미진진하게 말씀하셨다. 마태복음 15장에는 예수께서 빵 일곱 덩어리로 4천 명을 먹이시는 사건이 기록되어 있다.

> "예수께서 제자들을 불러 가라사대 내가 무리를 불쌍히 여기노라 저희가 나와 함께 있은 지 이미 사흘이매 먹을 것이 없도다 길에서 기진할까 하여 굶겨 보내지 못하겠노라"(마 15:32).

수천 명의 사람들이 사흘 동안 밥도 먹지 않고 말씀을 들었다는 것은 예수께서 하시는 말씀이 허기를 잊어버릴 정도로 흥미로웠다는 것을 짐작케 한다. 예수께서 아무리 진리의 말씀을 전하신다 해도 딱딱한 강의식의 말씀이라면 많은 사람들이 밥을 굶어가면서까지 경청하지는 않았을 것이다. 사람의 관심을 끌려면 재미난 화술이 있어야 하고 재미난 화술은 평소 재미있는 삶을 사는 사람만이 보유할 수 있다.

성경에는 예수님의 재치가 번득이는 사건이 많이 등장한다. 이런 사건 중 하나가 마가복음 12장에 기록되어 있다.

지방으로 다니시던 예수님이 예루살렘에 입성하신 후 일주일간 성전에 출입하며 백성들을 가르치셨다. 이때에 예수님을 대적하던 사람들이 와서 예수께 도전했지만 예수님은 몇 마디 말로 이들을 간단히 물리치셨다. 또한 역공을 취하셔서 대적하는 사람들의 입을 이 한마디로 막으셨다.

> "다윗이 그리스도를 주(主)라 하였은즉 어찌 그의 자손이 되겠느냐 하시더라"(막 12:37).

이 논쟁을 기록한 마가는 이렇게 기록을 끝맺었다.

> "백성이 즐겁게 듣더라"(막 12:37하).

예수님이 이스라엘 지도자들의 코를 납작하게 만들며 기지를 발휘하시자 군중들이 재미있어 했다는 것이다.

예수님이 구사하신 고도의 화법

예수님이 즐겨 사용하셨던 화법은 과장법이었다. 재미없는 사람은 과장법을 사용하지 못한다. 남에게 트집 잡히는 것을 경계하느라 항상 정확한 표현만 골라 쓰려고 노력하기 때문이다. 그러나 예수님은 과장법을 자유자재로 구사하셨다. 예를 들면 부자가 하나님나라에 들어가는 것보다 "낙타가 바늘귀로 들어가는 것이 더 쉽다"(마 19:24)라고 말씀하는 식이다.

그런데 이 말씀을 달리 해석하는 사람이 있다.

> "당시 예루살렘 성전에는 '바늘귀'라는 문이 있었다. 이 문은 크기가 너무 작아서 낙타가 이 문을 통과하기 위해서는 무릎을 꿇고 자세를 낮추어야만 했다. 천국에 들어가기 위해서는 이 문을 지나는 낙타처럼 자신을 낮추어야 한다."

그러나 예루살렘 성벽에는 '바늘귀'라는 문이 있었다는 기록도 흔적도 없다. 이런 해석을 내놓는 분들은 예수님을 항상 심각한 고뇌에 빠진 인물로 생각한다. 그렇기 때문에 예수님이 유머나 과장법을 사용하셨으리라고는 감히 상상도 못해서 엉뚱하게 해석하는 것이다.

예수님의 유머와 과장법을 잘못 이해하면 비극적인 결과를 초래하기도 한다. 이미 세상을 떠났지만 한때 유명했던 한 부흥사가 자신의 성기를 거세한 일이 있었다. 다음과 같은 예수님의 말씀을 문자 그대로 받아들였기 때문이다.

"만일 네 오른눈이 너로 실족케 하거든 빼어 내버리라 네 백체 중 하나가 없어지고 온몸이 지옥에 던지우지 않는 것이 유익하며 또한 만일 네 오른손이 너로 실족케 하거든 찍어 내버리라 네 백체 중 하나가 없어지고 온몸이 지옥에 던지우지 않는 것이 유익하니라"(마 5:29,30).

이것은 예수님의 유머나 화법을 이해하지 못한 결과이다. 예수님은 청중들의 기억에 오래 남을 수 있도록 극적인 표현이나 과장법을 사용하여 교훈을 주셨다. 당시에는 책이 흔치 않았기 때문에 한 번 들은 말을 오래 기억하도록 하기 위해서 이런 방법을 사용해야 했다.

예수께서는 사람을 좋아하시고 사람들을 편하게 해주시는 즐거운 삶을 사셨다. 이런 사실은 예수님과 제자의 관계를 보아서도 알 수 있다. 성경을 보면 제자들은 종종 예수께 바보 같은 질문을 던진다. 예수께서는 이렇게 말씀하셨다.

"입에 들어가는 것이 사람을 더럽게 하는 것이 아니라 입에서 나오는 그것이 사람을 더럽게 하는 것이니라"(마 15:11).

이 이상 더 평이할 수 없게 말씀하셨는데도 이를 제대로 이해하지 못한 베드로가 예수께 다시 청한다.

"이 비유를 우리에게 설명하여주옵소서"(마 15:15).

이때에도 예수님은 제자들을 답답해 하거나 나무라지 않으시고 다시 자상하게 설명해주셨다.

> "예수께서 가라사대 너희도 아직까지 깨달음이 없느냐 입으로
> 들어가는 모든 것은 배로 들어가서 뒤로 내어버려지는 줄을 알
> 지 못하느냐 입에서 나오는 것들은 마음에서 나오나니 이것이
> 야말로 사람을 더럽게 하느니라"(마 15:16-18).

이런 구절들이 예수님과 제자 사이가 얼마나 편안했는지를 보여준
다. 베드로가 "그렇게 머리가 안 돌아가느냐?"라는 꾸중을 들을 수도
있는 질문을 자연스럽게 할 수 있다는 사실은 무엇을 나타내는가? 예
수님과 제자들의 관계가 편했다는 반증이다. 긴장하고 경직되어 있는
관계라면 이런 식의 질문은 할 수 없을 것이다.

예수님에 대한 생각과 느낌?

겟세마네 동산에서 기도하시는 모습, 또는 십자가에 달리신 예수님
의 모습만 연상하면 예수님에 관하여 잘못된 그림을 그리게 된다. 우
리는 겟세마네 동산에서 피땀 흘리며 기도하시는 모습과 십자가에 달
리셔서 "나의 하나님, 나의 하나님, 어찌하여 나를 버리시나이까"라고
부르짖는 모습만 상상해서는 안 된다.

많은 사람들이 그런 예수님을 사랑하지 못한다. 우리를 위해 피 흘려주신 분이니 우리가 그분을 사랑해야 한다는 의무감은 느낄지 모르나 진정으로 사랑하기까지는 많은 어려움을 느낀다. 우리에게 예수님에 대한 잘못된 이미지가 각인되어 있기 때문이다. 머릿속에 그려지는 예수님이 고마워해야 할 분은 될지 모르지만 편한 분은 못 되기 때문이다. 그러므로 우리는 하나님의 아들로서 멀리서 그분을 존경할 수는 있지만 친숙하게 삶을 나눌 수는 없다고 생각한다. 죄를 용서받을 수 있는 길을 열어주신 고마우신 분이기는 하지만 진정으로 좋아하고 시간을 같이 보내고 싶은 분으로는 생각되지 않는다는 말이다.

이런 예수님에 관한 잘못된 이미지가 그분과의 관계를 따뜻하게 유지하지 못하게 하며, 결과적으로 우리의 행복을 방해한다. 예수님에 관해 잘못된 이미지를 갖고 있기 때문에 예수님을 닮으려고 하면 할수록 삶의 기쁨이 사라지고 점점 협소한 사람이 되어가는 것이다. 점점 재미없는 사람이 되어버리기 때문이다.

목회자가 행복해야 교인이 행복하다. 목회자가 행복하려면 목회자는 예수님에 대한 올바른 이미지를 가져야 한다.

사도 바울은 행복했다

목회자들이 예수님 다음으로 본받고 싶은 분이 있다면 사도일 것이다. 사도 중에서도 바울을 가장 본받고 싶을 것이다. 그는 위대한 신학자요 대사도이기도 하거니와 그에 대해서는 비교적 많은 기록이 남아 있기 때문이기도 하다. 그런데 사도 바울을 닮고자 하는 욕구로 가득 찬 목회자들 또한 행복하지 못한 경우가 있다. 예수님의 경우와 마찬가지로 바울에 대해서 잘못된 이미지를 갖고 있다면 사도 바울을 본받으려 하면 할수록 더욱더 행복하지 못한 사람이 되어버리는 것이다.

사도 바울을 연상할 경우, 행복한 모습보다는 고뇌하는 모습, 고독한 모습을 상상하는 것이 더 쉽고, 웃는 모습보다는 울며 기도하는 모습을 상상하기가 더 쉽다. 다음과 같은 성경구절이 우리의 예상에 더욱 힘을 실어준다.

> "저희가 그리스도의 일꾼이냐 정신없는 말을 하거니와 나도 더욱 그러하도다 내가 수고를 넘치도록 하고 옥에 갇히기도 더 많이 하고 매도 수없이 맞고 여러 번 죽을 뻔하였으니 유대인들에게 사십에 하나 감한 매를 다섯 번 맞았으며 세 번 태장으로 맞고 한 번 돌로 맞고 세 번 파선하는데 일주야를 깊음에서 지냈으며 여러 번 여행에 강의 위험과 강도의 위험과 동족의 위험과 이방인의 위험과 시내의 위험과 광야의 위험과 바다의 위험과 거짓 형제 중의 위험을 당하고 또 수고하며 애쓰고 여러 번 자지 못하고 주리며 목마르고 여러 번 굶고 춥고 헐벗었노라"(고후 11:23-27).

이런 고통을 경험하고, 이런 고난을 받으면서 사는 사람의 삶이 과연 행복할지 우리는 감히 상상할 수 없다. 그러나 이러한 고난을 받았다고 사도 바울이 반드시 행복하지 않았으리라고 결론을 내려서는 안 된다. 이것은 환경이 열악하면 반드시 불행해야 한다는 식의 논리의 오류이다. 인간의 행복은 반드시 주위 환경에 좌우된다는 것이다.

물론 인간의 행복이 어느 정도 주위 환경에 영향을 받는 것은 사실이다. 부부를 대상으로 하는 상담 전문가들은 부부간 갈등의 주요 원인이 애정의 문제가 아닌 경제적인 문제라고 입을 모은다. 경제적으로 여유가 있으면 그처럼 심각하게 갈등하지 않았을 텐데 궁핍한 경제 사정으로 다툼이 잦아지면서 애정 또한 점점 식어버린다는 것이다. 반대로 그다지 사이가 좋지 않던 부부가 경제적인 여유가 생기고 나서부터 싸우는 횟수가 줄고 애정이 되살아나기도 한다.

그러나 반드시 경제적인 여유가 행복을 좌우한다고 말할 수는 없다. 왜냐하면 그렇지 않은 경우가 더 많기 때문이다. 오히려 경제적으로 어려울 때에는 사이가 좋았는데 경제적으로 윤택해지면서 부부가 남남처럼 되어 남편은 남편대로의 삶을, 아내는 아내대로의 삶을 사는 부부도 있다. 또 드물기는 하지만 경제적으로 어려워지면서 부부 사이가 더 좋아지기도 한다. 남편이 직장생활을 할 때에는 너무 바빠서 서로의 삶을 공유하지 못하다가 은퇴 후 경제적인 여유는 줄어들었지만 소꿉장난하듯이 사이좋게 지내는 부부도 있다.

무슨 말인가? 행복이란 주위 환경에 영향을 받기는 하지만 반드시 환경에 좌우되는 것은 아니라는 뜻이다. 그러므로 사도 바울이 비록 험난한 삶을 살았지만 자동적으로 행복하지 못한 삶을 살았다고 결론 지어서는 안 된다.

나는 예수님이 행복한 분이셨을 뿐만 아니라 사도 바울 역시 행복한 삶을 살았다고 생각한다.

"항상 기뻐하라"(살전 5:16).

사도 바울이 데살로니가 교인들에게 준 명령이다. 나는 사도 바울 자신이 행복한 삶을 살았기 때문에 이런 명령을 내릴 수 있다고 생각한다.

사람에게는 자신은 하지 않으면서 남에게는 하라고 시키는 성향이 있다. 자신은 담배를 피우면서도 담배가 몸에 좋지 않으니 피우지 말라고 하는 부모들이 있다. 자신은 일 년에 책 한 권 읽지 않으면서 자녀들에게 책 읽기를 강요하는 부모들도 있다. 우리는 이런 이중성에 익숙해 있기 때문에 무의식중에 사도들도 그러하리라 생각한다. 사도 바울 역시 자신은 실천하지 못하지만 성도들에게 유익하니까 그렇게 명령했다고 생각하기 쉽다는 말이다.

그러나 나는 그렇게 생각하지 않는다. 나처럼 부족한 목사도 성도들에게 권유할 때에는 자신이 이미 하고 있는 것을 권한다. 적어도 하려고 노력하고 있는 것을 권한다. 그런데 대사도 바울이 자기는 하지 않으면서 그렇게 명령했을까? 나는 사도 바울 역시 자신이 항상 기뻐하는 삶을 살았기 때문에 이런 명령을 할 수 있었다고 생각한다.

사도 바울이 항상 기뻐했다는 증거는 성경에서 충분히 찾아볼 수 있다. 사도행전 16장에 보면 사도 바울과 실라가 빌립보에서 전도하다가 무고하게 체포되어 매를 맞고 투옥된 사건이 기록되어 있다. 누가는 그 사건을 이렇게 기록하고 있다.

> "밤중쯤 되어 바울과 실라가 기도하고 하나님을 찬미하매 죄수들이 듣더라"(행 16:25).

바울과 실라가 왜 찬양의 노래를 불렀을까? 고통스러우니까 고통을 잊기 위해 그럴 수도 있겠다. 그러나 본문의 분위기로 보면 바울과 실라는 마음속으로부터 찬미의 노래가 우러나오는 것을 억제할 수 없었던 것 같다. 주님을 위해 고난받을 수 있는 특권에 감격했고, 그런 감격이 하나님을 찬양하지 않을 수 없게 만든 것이다. 항상 기뻐하며 살았기 때문에 억울하게 감옥에 갇혔어도 찬양이 절로 나왔으리라.

사도 바울은 행복한 사람이었음에 틀림없다.

바울이 행복할 수밖에 없는 이유

사실 사도 바울은 행복하지 않을 수 없었다. 그는 인간이 행복할 수 있는 모든 조건을 다 갖추고 있었다. 인간은 언제 행복한가? 누군가 사랑하는 사람이 있고 그 사람으로부터 사랑받을 때에 행복하다. 사도 바울은 이런 사랑을 경험하면서 살고 있었다. 사도 바울에게 넘치는 사랑을 쏟아부어준 분은 그리스도였다. 바울은 로마서에서 이런 고백을 하고 있다.

"누가 우리를 그리스도의 사랑에서 끊으리요 환난이나 곤고나 핍박이나 기근이나 적신이나 위험이나 칼이랴"(롬 8:35).

"내가 확신하노니 사망이나 생명이나 천사들이나 권세자들이나 현재 일이나 장래 일이나 능력이나 높음이나 깊음이나 다른 아무 피조물이라도 우리를 우리 주 그리스도 예수 안에 있는 하나님의 사랑에서 끊을 수 없으리라"(롬 8:38,39).

이런 사랑 고백을 하면서 사는 삶이 어떻게 행복하지 않을 수 있을까. 사도 바울은 행복할 수밖에 없는 사람이었다.

인간은 또 언제 행복한가? 소망이 있을 때 행복하다. 미국 이민자들 가운데는 경제적인 여유가 생긴 지금보다 처음 이민 와서 고생하던 시절을 기억하며 그리워하는 이들이 있다. 왜 그런가? 그 당시에는 경제적인 여유가 없는 대신 소망이 있었기 때문이다. 소위 '아메리칸 드림'(American Dream)이 있었던 것이다. 그러나 세월이 지나고 보니 경제적인 압박감은 더 이상 느껴지지 않지만 그렇다고 큰 보람도 없는 평범하고 안일한 일상 가운데 살고 있는 자신을 발견하게 되었다는 것이다.

어떤 의사 부인이 이런 말을 했다.

> "처음에 미국에 와서 남편이 레지던트를 할 때에 참 어려웠어요. 조기를 사도 두 마리를 못 사고 한 마리를 사야 했지요. 저도 먹고 싶었지만 고생하는 남편이 안쓰러워서 한 마리를 구워 밥상에 올리고 남편이 먹도록 하느라 저는 손도 안 댔어요. 그랬더니 이 무심한 사람이 내가 생선을 먹을 줄 모른다고 생각했는지 한 번도 먹어보라고 권하지 않는 거예요."

그리고 한숨을 쉬며 말했다.

"그런데 그래도 그때가 참 행복했다는 생각이 들어요."

바울에게는 소망이 있었다. 천국에 대한 소망이었다. 감옥에 갇혀서 아마 자신이 사형에 처해질지도 모른다고 예상하면서도 사도 바울은 에베소 교회 교인들에게 보내는 편지에 이렇게 쓰고 있다.

> "내가 선한 싸움을 싸우고 나의 달려갈 길을 마치고 믿음을 지켰으니 이제 후로는 나를 위하여 의의 면류관이 예비되었으므로 주(主) 곧 의로우신 재판장이 그 날에 내게 주실 것이니 내게만 아니

라 주의 나타나심을 사모하는 모든 자에게니라"(딤후 4:7,8).

　이런 소망을 가진 사람은 행복하지 않을 수 없다.

　사도 바울을 행복하게 했던 사랑과 소망을 우리도 소유하고 있다. 그러므로 우리 역시 행복하지 않을 수 없는 것이다. 사도 바울은 앞서 인용한 로마서 8장 35-39절에서 '나를'이라는 단어 대신 '우리를'이라는 단어를 사용하고 있다. "누가 '우리를' 그리스도의 사랑에서 끊을 수 있겠습니까?"라고 말하는 것이다. "나를 우리 주 예수 그리스도 안에 있는 하나님의 사랑에서 끊을 수 없습니다"라고 말하는 대신 "우리를 우리 주 그리스도 예수 안에 있는 하나님의 사랑에서 끊을 수 없으리라"라고 표현한다. 하나님께서 사도 바울을 사랑하신 동일한 사랑으로 모든 성도들을 사랑하신다는 것을 나타내려 한 것이다. 앞서 인용한 디모데후서 4장 7,8절에서도 "내게만 아니라 주의 나타나심을 사모하는 모든 자에게니라"라는 말을 덧붙이고 있는데 이 말씀은 사도 바울이 가지고 있는 소망이 성도 모두의 소망이라는 것을 나타내준다.

목회 사명자가 누리는 행복

　사도 바울이 소유했던 같은 사랑과 소망을 우리 모두 소유했기 때문에 모든 성도는 행복하지 않을 수 없다. 바울이 행복했던 것처럼 우리도 행복하지 않을 수 없는 것이다. 목회자는 더더욱 행복하지 않을 수 없다. 목회자는 사도 바울을 행복하게 만든 또 하나의 조건을 이미 갖추었기 때문이다. 특별히 사도 바울은 교회를 핍박하던 자신을 하나님께서 불러주시고 또 일꾼 삼으셨다는 데 감격했다. 바울은 자신을 사도로 삼으시고 복음전파의 도구로 사용해주신 하나님의 은혜에 대한 감격을 서신서 곳곳에서 표현하고 있다.

사도가 특수한 사명을 받은 사역자인 것처럼 목회자들은 특수한 사명을 받은 사역자이다. 복음의 말씀을 관리할 책임을 맡았다는 점에서 그렇다.

"사람이 마땅히 우리를 그리스도의 일꾼이요 하나님의 비밀을 맡은 자로 여길지어다"(고전 4:1).

목회자들은 사도 바울과 같이 부름의 축복까지 누리고 있다. 그러므로 목회자는 행복해야 한다. 행복하지도 않은데 이를 악물고 행복한 척하라는 말이 아니라 행복의 조건을 갖추었으니 행복하라는 것이다. 목회자는 바울이 누렸던 사랑과 소망을 소유했을 뿐만 아니라 하나님의 종으로 부름 받았으므로 행복하다.

사실 목회자는 하나님이 목회자로 불러주신 것 하나만으로도 행복할 수 있어야 한다.

나는 미국에 유학 와서 오하이오주립대학에서 전자공학으로 박사 학위를 마쳤고 캘리포니아에 소재한 연구실에서 9년간 일했다. 과학이 내 적성이 아닌데도 하나님의 은혜로 연구원으로 있는 동안 맡은 일을 잘 해낼 수 있었다. 요즘은 연구 논문을 발표할 수 있는 저널이 많이 생겨났지만 내가 연구 활동을 벌이던 70년대에만 해도 저널에 논문이 실리는 일은 쉽지 않았다. 그런데도 나는 장장 9년간 25편의 논문을 발표하며 왕성히 활동했다. 그러다가 41세에 신학교 입학을 결심하게 되었다.

이런 결정을 내렸을 때에 주위 사람들이 무척 놀라워했다. 지금까지도 많은 분들이 좋은 직장을 포기하고 어떻게 목회의 길을 선택했느냐고 묻는다. 그러나 이런 질문을 받으면 나는 무척 당혹스럽다. 그 질문은 내가 마치 어떤 희생을 치른 것처럼 여기는 질문이라고 생각되기 때문이다.

주위에서는 과학도가 목회자가 된 것이 마치 '신분격하'라도 되는 것처럼 말하지만 나는 그렇게 생각하지 않는다. 신분이 격하된 것이 아니라 오히려 격상되었다. 나는 하나님이 나를 목회자로 불러주신 것에 대해 감격하며 살아가고 있다. 나를 통해 사람들이 구원받고 삶이 바뀌는 것을 볼 때에는 나를 써주시는 하나님께 무한한 감사를 느낀다. 또한 가정을 부양할 수 있도록 사례비를 받아가며 천국에 상(賞)을 쌓을 수 있는 사역의 기회를 허락해준 교회 성도들에게 크게 감사한다. 그들이 주일마다 내 설교를 40분 이상 경청해주는 것이 얼마나 고마운지 모른다.

나를 목회자로 불러주신 하나님께 감사하는 나는 행복하다. 나뿐 아니라 모든 목회자들이 하나님께서 우리를 목회자로 불러주셨다는 사실 하나만으로도 행복해야 한다고 생각한다.

항상 기뻐하라

행복할 수밖에 없는 조건을 전부 갖추고 있다고 해서 자동적으로 행복해지는 것은 아니다. 모든 것을 다 갖추고 있어도 불행할 수 있다. 제삼자가 보기에 더 이상 바랄 것 없이 모든 것을 갖추었다고 생각되는 부부가 이혼 창구를 두드리는 것만 보아도 알 수 있다. 행복은 주어지는 것이 아니라 노력하여 획득하는 것이다. 이런 노력이 없기 때문에 모든 조건을 갖추었더라도 행복하지 않은 경우가 있다.

성도들을 행복하게 해주는 행복한 목회자가 되려면 행복하기로 결심해야 한다. 행복해질 때까지 기다리는 것이 아니라 행복해지기로 의지적으로 결단해야 한다. 이런 결심을 하기 위해서는 앞서 말한 것처럼 예수님과 사도들에 대한 정확한 이미지를 갖고 있어야 한다. 많은 목회자들이 행복을 두려워하는 것은 진정한 그리스도인은 행복해서는 안 된다는 잠재의식을 떠안고 있기 때문이다. 행복을 추구하는 것은 세상적이라고 생각하고, 예수님을 닮은 거룩한 사람이 되기 위해서는 고난과 고뇌의 삶을 살아야 한다고 생각한다. 하지만 이런 생각을 갖고 있

는 한 자신도 행복해질 수 없고 교인들도 행복하게 해줄 수가 없다. 그
간 내가 예수님과 바울이 행복한 분이였다는 사실을 증명해보이려고
애썼던 것은 이러한 고정관념에서 벗어나기를 원했기 때문이다. 교인
들을 행복하게 해주는 목회자가 되기 위해서는 자신이 먼저 행복하기
로 결심해야 한다.

사실 행복해지는 것은 개인의 선택이 아니라 하나님의 명령이다. 성
경은 이렇게 명령한다.

> "항상 기뻐하라 범사에 감사하라 이는 그리스도 예수 안에서 너
> 희를 향하신 하나님의 뜻이니라"(살전 5:16,18).

'항상' 기뻐하는 것이 하나님의 뜻이라면 우리는 '항상' 기뻐해야 한
다. 행복해야 한다. 하나님께 순종하는 종이 되기 위해서는 미세한 하
나님의 뜻을 찾기 전에 이런 분명한 뜻에 먼저 순종해야 한다. 우선 기
뻐하는 삶을 살고 행복한 삶을 살아야 한다.

행복은 선택이다. 같은 환경 속에서도 행복할 수 있고 행복하지 않
을 수도 있다. 물이 반만 든 컵을 보면서 물이 반이나 남았다고 생각하
는 사람이 있는가 하면 물이 반밖에 없다고 생각하는 사람이 있는 것
처럼 말이다. 어떤 관점으로 보느냐에 따라 행복할 수도 있고 행복하
지 않을 수도 있다. 전자의 관점을 갖고 보는 사람은 마실 물이 남아 있
어서 '행복'할 것이고 후자의 관점으로 보는 사람은 먹을 물이 점점 줄

어들어서 '불행'할 것이다. 그러므로 행복을 결심해야 한다. 행복을 주는 측면에서 사물을 보기로 결심해야 한다. 긍정적인 면을 보고 긍정적인 사고를 해야 한다. 그렇다고 부정적인 면을 부인하거나 외면하라는 것은 아니다. 부정적인 면이 없는 것은 아니지만 어차피 긍정적인 면과 부정적인 면 두 가지가 다 있는 것이라면 부정적인 면 대신에 긍정적인 면을 보자는 것이다.

우리 주위에 보면 긍정적인 면 대신에 부정적인 면을 보는 것이 습관이 되어서 인생을 불행하게 사는 사람들이 있다. 직장에서 일이 많으면 바쁘다고 불평한다. 일이 없으면 해고당할까봐 염려한다. 이래도 불행하고 저래도 불행하다. 반면에 긍정적인 관점을 가진 사람이라면 직장에 일이 많으면 해고당할 염려가 없을 것을 기뻐하고, 일이 없으면 쉴 수 있는 기회가 생긴 것을 기뻐할 것이다. 이 사람은 상황이 어떻게 변하든 행복할 수 있는 사람이다.

그런데 인간에게는 긍정적이기보다는 부정적인 것이 더 자연스럽다. 칭찬하기보다는 욕하는 것이 쉽고 감사하기보다는 불평하는 것이 쉽다. 그러므로 노력해야 한다. 반드시 행복하기로 결심해야 한다.

마음의 지옥을 만드는 비교의식

행복하기 위해서는 비교하지 말아야 한다. 우리의 행복을 앗아가는 것이 바로 비교의식이다.

내가 연구원으로 있던 회사는 미국의 북가주 실리콘 밸리에 소재하고 있었다. 그 당시 한국인 한 분이 그 근처에 전자회사를 창업하여 크게 이름을 날렸다. 그때 그 회사에 한국인으로 창업 때부터 같이 일한 분이 있었다. 이분은 급성장하는 회사에서 큰 보람을 느끼며 일하고 있었는데 어느 날 경리과에 들렀다가 급여 대장이 펼쳐져 있는 것을 발견했다고 한다. 거기서 그는 최근에 대학을 졸업하고 입사한 미국인 직원이 자신보다 연봉을 천 불이나 더 받고 있는 것을 발견하고 그 뒤부터 직장생활에 불만을 느끼기 시작했다. 창업 때부터 뼈 빠지게 일해온 자신이 경력도 없는 젊은 미국인보다 천 불이나 적게 받고 일한다고 생각하자 사장에게 서운한 생각이 들기 시작한 것이다. 서운함과 불만이 쌓여가던 중 그는 결국 직장을 그만두고 말았다.

이분을 불행하게 했던 것이 바로 비교의식이다. 경리과에 들어가서 급여 대장을 보기 전까지 이분은 행복한 직장생활을 영위하고 있었다. 그러나 봉급을 비교하게 되자 행복한 직장생활이 바로 불행한 직장생활로 바뀐 것이다. 외적인 조건은 달라진 것이 없다. 그가 급여 대장을 보기 전에도 새로 입사한 미국 직원은 이미 그보다 더 많은 봉급을 받고 있었다. 그런데도 그는 행복했다. 그가 급여 대장을 보고난 후에도 객관적인 상황이 달라진 것은 없다. 그런데도 그가 불행하다고 느낀 것은 비교에서 오는 질투심 때문이었다.

행복을 저해하는 가장 큰 요소가 비교의식이다. 따라서 행복하기 위해서는 비교하기를 멈추어야 한다. 아내의 추천으로 장애인 선교를 담당하고 있는 김복남 전도사님의 간증 테이프를 들어본 적이 있다.

"사고로 한 다리를 잃고 의족을 끼고 다니는 사람은 두 다리가 성해서 걸어다니는 사람을 얼마나 부러워하는지 아십니까? 의족과 살이 닿는 부분이 굳어지려면 여간 고통스러운 것이 아닙니다. 특별히 키가 자라는 어린이들은 키가 클 때마다 의족도 갈아야 하는데 그때마다 동일한 고통을 겪어야 합니다. 그러나 두 다리를 전부 절단하고 휠체어를 타고 다니는 사람들은 의족을 하고서라도 자기 힘으로 걸어다니는 사람을 얼마나 부러워하는지 모릅니다. 휠체어에 의존하지 않고 제 발로 가고 싶은 곳에 갈 수 있는 사람을 몹시 부러워합니다. 그러나 척추를 다쳐서 온 몸이 마비된 사람은 휠체어를 타고 다니는 사람을 또 얼마나 부러워하는지요? 휠체어를 타고서라도 움직일 수 있고 가고 싶은 곳을 갈 수 있는 그 사람을 무척 부러워합니다. 그러나 뇌에 손상을 입어서 식물인간이 된 사람의 가족들은 신체만 마비된 사람을 또 얼마나 부러워하는지 아십니까? 사랑하는 남편이 잠깐이라도 눈을 뜨고 '당신을 사랑해'라고 한마디만 해준다면 가진 재물을 다 주어도 아깝지 않다는 아내들이 있습니다."

과분한 축복

맞다. 비교에는 끝이 없다. 나도 연구실에서 일을 시작했을 때에는 학술지에 논문을 많이 싣는 사람들을 보며 무척 부러워했다. 그러다가 나도 몇 편의 논문을 발표하게 되자 이제는 논문을 발표하는 것만으로 만족할 수가 없었다. 나는 학술지 중에서도 유수한 학술지에 논문을 발표하는 사람들이 부러워졌다. 그러다가 내 논문도 권위 있는 학술지에 발표되자 이제는 이런 학술지에 논문이 실리는 것만으로 만족할 수 없게 되었다. 나는 또 전공 분야 학술회의 회장 노릇을 하는 사람들이 부러워졌다. 이때 나는 부러움에 끝이 없다는 사실을 깨달았다.

목회도 마찬가지이다. 교회를 개척할 때에는 교인이 100명만 모이면 좋겠다고 생각한다. 그러나 교인 숫자가 100명쯤 되면 200명의 교인이 모이는 교회 목회자가 부럽고 200명이 되면 400~500명 모이는 중형교회가 부럽다. 어느새 1,000명 모이는 대형교회가 부러워진다. 비교에는 끝이 없다. 행복한 목회를 하기 위해서는 비교를 멈추어야 한다.

비교의식을 극복하기 위해서는 자신을 알아야 한다. 어떤 목사님이 이런 간증을 해주었다. 이 목사님은 대형교회에서 부목사로 오래 사역한 분이다. 그는 자신도 담임목회를 하게 되면 큰 교회를 목회해야 할 사람이라고 생각했다. 그러다가 북미 이민교회를 담임하게 되었다. 그런데 온갖 노력을 다해보아도 교회가 부흥되지 않았다. 교인 수는 항상 100명에서 200명 내외에 머물렀다. 왜 교회가 더 이상 자라지 않는지 항상 자신을 들볶던 목사에게 계시처럼 깨달음이 왔다.

'나는 내가 큰 교회 목회를 해야 할 목회자라고 생각했는데 사실은 100~200명 성도를 모시고 목회할 그릇이었구나!'

단순히 큰 교회 부목사를 역임했다는 사실 때문에 자신이 큰 교회를 목회할 목회자라고 생각했던 것이 얼마나 근거 없는 생각이었는지 깨달은 순간, 그의 마음에 평안이 찾아왔고 진정한 목회의 행복을 맛보기 시작했다고 간증해주었다.

행복하려면 자신의 분수를 알아야 한다. 나는 목회가 행복하다. 그 이유는 내가 나 자신을 잘 알기 때문이다. 나는 박력 있는 사람이나 큰 비전을 가진 사람은 못 된다. 목회자로서 특별히 사랑이 많지도, 남보다 열심이 뛰어난 것도 아니다. 나는 큰 교회를 목회할 사람이 못 된다.

그런데도 나는 제 그릇에 과분한 목회를 하고 있다.

휴스턴은 미국의 도시로서는 LA, 뉴욕, 시카고의 뒤를 잇는 큰 도시이지만 한인 인구가 그다지 많지 않다. 같은 텍사스에 있는 달라스와 비교하더라도 휴스턴의 인구는 달라스보다 많지만 한인 인구는 달라스의 절반밖에 되지 않는다. 2000년도 미국 연방정부 인구조사에 따르면 1만 3백여 명으로 집계되었다. 한인교회도 30여 개 정도 있을 뿐이다. 그래서 나는 우리 교회가 아무리 성장해도 장년 출석 200명 선이 고작이리라 생각했다. 그런데 요즘 우리 교회의 장년 출석은 이미 850명을 넘어서고 있다. 어떻게 이런 일이 일어났는지 이해가 되지 않는다. '하나님의 은혜'라고 말할 수밖에 없다. 그러니 감사하며 목회를 하지 않을 수 있겠는가.

나는 목회를 즐긴다. 교회성장의 압박감이 없기 때문이다. 200명 그릇에 850명을 부어주셨으니 더 이상 욕심을 부릴 수도 없다. 물론 하나님께서 성도를 더해주시면 최선을 다해 수용하고 섬겨야겠지만 지금도 과분하다고 생각한다. 200명 이상은 전부 하나님께서 덤으로 주신 축복이라고 생각한다.

목회자로 부르심

행복한 목회자가 되어서 교인들을 행복하게 해주려면 주님이 원하시는 곳에 머물러야 한다. 가끔 '왜 하나님께서 나를 그릇 이상으로 쓰시는가?'라고 자신에게 질문을 던질 때가 있다. 하나님의 은혜라고 말할 수밖에 없지만 굳이 이유를 찾자면 '하나님이 원하시는 곳에서 목회를 하고 있기 때문이 아닐까?' 하고 생각한다. 만일 목회가 행복하지 않다면 그 이유 중 하나가 하나님이 원하시는 곳에서 사역하고 있지 않기 때문이 아닌지 생각해보라. 행복한 목회자가 되려면 하나님이 원하시는 장소에서 하나님이 원하시는 사역을 해야 한다.

솔직히 말해서 어떤 목회자는 평신도로 있었다면 훌륭한 사역자가 되었을 텐데, 목회자가 되는 바람에 자신도 불행하고 교인들도 불행하게 만들기도 한다. 이렇게 된 것은 전통적인 교회에서 은사 중심으로 사역이 이루어지지 않고 직책 중심으로 이루어졌기 때문이다. 전통적인 교회에서는 평신도에게 목양할 수 있는 기회를 주지 않는다. 전도사라는 직책이라도 받지 않으면 의미 있는 사역을 할 수가 없다. 그래서 헌신된 사람은 신학교에 갈 수밖에 없고 또 신학교를 졸업하면 안수를 받지 않을 수 없다. 그러나 안수를 받고 나면 그 교회에 지속적으로 머물러 있을 수 없다. 교회 개척을 하지 않을 수 없는 것이다. 하지만 개척은 만만한 일이 아니다. 이미 수많은 교회가 세워진 곳에서 교회를 개척하다보니 힘이 들고 탈진할 수밖에 없다.

아마 평신도로서 의미 있는 목양 사역을 할 수 있는 기회가 주어진다면 목회자가 되지 않을 사람이 많을 것이다. '가정교회'는 바로 이런 문제를 해결해준다.

행복한 사역자가 되기 위해서는 목회자로 섬길 것인가 평신도로 섬길 것인가 하는 결정을 하나님께 맡겨야 한다. 목회자로 부름 받은 사람이 목회자가 되고 평신도로 부름 받은 사람이 평신도가 될 때에 사역에 보람과 기쁨이 있는 것이다. 각자 제자리를 찾을 때에 행복하게 사역을 감당할 수 있다.

그럼 하나님께서 자신을 목회자로 부르셨는지 아닌지는 어떻게 알 수 있을까? 어떤 분들은 부흥집회나 산상기도회를 통해 부르심을 확신하게 되었다고 말한다. 어떤 분들은 하나님이 목회의 길로 부르신다는 '느낌'을 먼저 받고 산에 올라가 홀로 기도하던 중 이를 확인한다. 어떤 분들은 예언의 은사를 받은 분이 "하나님께서 당신을 목회자로 부르신다"라고 말할 때에 이 말씀에 순종하여 목회의 길에 들어서기도 한다.

물론 하나님께서 이런 방법으로 부르실 수도 있다. 그러나 이런 분들 가운데 사역의 열매로 보아 하나님께서 진정으로 그를 부르셨는지 의심스러운 분들도 있다.

하나님이 주시는 소명을 확인하는 방법

하나님의 부르심, 즉 소명(召命)을 확인할 있는 더 좋은 방법이 있다. 부르심을 확인하기 위해서는 세 가지 조건이 갖추어져야 한다고 생각하라. 첫째, 소원이며, 둘째, 은사이고, 셋째, 열매이다.

첫째, 하나님께서 부르실 때에는 소원을 주신다. 예를 들어서 장애인 선교를 위해 부름 받은 사람은 하나님께서 장애인에 대해 특별히 더 안타까운 마음을 심어주신다. 그리고 이들을 돕고 싶은 욕구를 부어주신다. 선교사로 부름 받은 사람은 예수 없이 멸망해가는 종족들에 대한 안타까운 마음을 심어주신다. 이들에게 가서 복음을 전하고 싶은 욕구를 부어주신다. 목회자로 부름 받은 사람은 예수를 모르고 죽어가는 주위 사람들에 대한 안타까운 심정을 심어주신다. 전 생애를 바쳐서 복음 사역에 헌신하고픈 소원을 심어주신다.

목회자의 경우, 이 소원 한 가지로 소명을 받았다고 생각하여 목회의 길로 들어서는 이들이 많다. 그러나 복음을 전하고자 하는 소원이 생겼다고 해서 다 목회자로 부르시는 것은 아니다. 복음 사역은 목회자가 아닌 평신도도 할 수 있다.

둘째, 은사가 있어야 한다. 하나님께서 그에게 목회자로서 소명을 주셨다면 그에게는 소원뿐만 아니라 은사도 주실 것이다.

하나님께 소명을 받았다고 하면서 신학교 입학을 위한 추천서를 써 달라고 하는 경우가 있다. 그런데 왜 목회자가 되려고 하느냐는 질문에 많은 분들이 이렇게 대답한다. "사회생활에서는 보람을 찾을 수 없다", "교회 일을 할 때만 신이 난다", "목회자가 안 되면 죽을 것 같다" 등등. 그러나 이런 대답 내용을 유심히 살펴보면 초점이 자신에게 맞추어져 있다는 것을 알 수 있다. 즉, 자신의 필요에 집중하고 있지 성도들의 필요를 고려하고 있지 않다는 것이다. 자신의 필요만 생각할 뿐 자신이 목회자가 되어서 성도들의 필요를 채워줄 만한 은사를 갖고 있는지는 생각하지 않는다는 말이다. 하나님이 목회자로 부르셨다면 목회자로서 필요한 은사를 주셨는지 안 주셨는지를 먼저 확인해보아야 한다.

셋째, 사역의 열매가 있어야 한다. 그 사람의 사역의 열매로 하나님께서 목회자로서의 소명을 주셨는지 안 주셨는지 확인할 수 있다. 하나님께서 목회자로 부르신 사람은 그가 평신도일 때에도 그가 하는 사역에서 특별한 열매를 맺는다. 주위 사람들이 보기에도 목회자가 되어야 할 사람이라는 것이 느껴지도록 말이다. 그런 사람을 보면 생업과 사역을 모두 감당하느라 쪼개어버리는 시간을 목회에만 집중할 경우 얼마나 많은 열매를 맺을 수 있을까 하는 생각이 절로 든다. 따라서 교회 사역에 일절 관여하지 않던 사람이 소명을 받았다며 신학교에 가겠다고 나서면 몹시 황당하다. 사역에 열매가 없는 사람이 신학교 교육만 받는다고 목회자가 되는 것은 아니기 때문이다. 신학교는 목회자를 만드는 곳이 아니다. 목회자로 부름 받은 사람을 훈련시키는 곳이다.

이처럼 세 가지가 다 어우러질 때 하나님의 부르심을 확신할 수 있고 소명을 확인할 수 있다.

주님의 소모품

행복한 목회자가 되려면 어느 곳에서 섬길지도 전적으로 하나님의 선택에 맡겨야 한다. 목회자들 가운데 미국에서는 그다지 목회를 잘하지 못하다가 한국에 가서 목회의 꽃을 피우는 분이 있는가 하면, 미국에서는 목회를 잘하다가 한국에 가서 고전을 면치 못하는 분도 있는 것을 본다. 이것은 분명히 하나님의 선택과 상관이 있는 문제이리라.

일례로 어느 목회자가 한인(韓人) 수가 그리 많지 않은 곳에서 성공적인 목회를 하여 그 지역에서 가장 큰 교회를 이루었다. 그러던 중 한인이 밀집해 있는 대도시 큰 교회로부터 담임목사 청빙을 받고, 섬기던 교회 교인들의 만류를 뿌리치고 임지를 옮겼는데, 안타깝게도 부임해 간 교회가 분열되고 종국에는 먼저 목회하던 교회보다 훨씬 적은 수의 교인들을 대상으로 목회하다가 은퇴하게 되었다. 먼저 목회하던 교회에 계속 머물러 있었더라면 좀 더 많은 영혼을 구원하며 성공적인 목회를 할 수 있었을 텐데 말이다. 이처럼 큰 도시의 목회에 실패한 것은 그 목회자의 역량이 부족해서라기보다 하나님이 정해주신 자리를 끝까지 고수하지 못했기 때문이 아닐까 하는 생각이 든다.

하나님께서 내게 행복한 목회를 허락하신 것은 휴스턴이 하나님께서 내게 정해주신 자리이기 때문이다. 내가 휴스턴에 온 것은 담임목회를 하고 싶어서가 아니었다. 담임목회를 원했다면 그전에도 이미 여러 번의 기회가 있었다. 한인이 많이 사는 큰 도시, 큰 교회의 청빙을 받은 적도 있었다. 그러나 나는 고려조차 하지 않았다. 어떤 노 목사님이 하신 말씀을 마음 깊이 새겨두었기 때문이다.

"교인들의 사랑을 받고 할 일이 있는 동안에는 섬기는 교회를 떠나지 마십시오."

휴스턴에 오기로 결심한 것도 섬기던 교회에서 내가 할 일이 끝났다고 느꼈기 때문이며 휴스턴 서울교회가 하나님께서 나를 파송하신 교회라는 생각이 들었기 때문이다. 그래서 나는 공식 청빙서를 받고 이를 수락했다.

한인이 많은 북가주의 대형교회에서 교육목사로 섬기다가 규모가 작은 서울교회로 가려 하자 많은 분들이 나를 말렸다. 담임목회를 하고 싶으면 이 근처에서 목회를 하거나 하다못해 같은 캘리포니아 주에서 하지 왜 휴스턴 같은 시골로 들어가느냐고도 했다. 사실은 나 역시 당시 텍사스 주가 어디에 위치해 있는지도 잘 몰랐다. 지도를 보기 전까지는 미국 대륙 한복판에 있는 줄로만 알았다. 휴스턴이 텍사스 남쪽 바닷가 근처에 있는지도 몰랐다. 텍사스라면 서부 영화에서 보듯 황량한 사막지대일 것이라고 생각했기 때문에 비행기가 휴스턴 공항으로 접근할 때 기내 창으로 내려다보이는 울창한 숲을 보며 경이롭게 생각했던 기억이 난다. 이처럼 내가 알지도 못하는 도시, 캘리포니아에 비하면 주거 환경도 열악한 도시였지만 나는 이곳이 하나님께서 나를 보내신 곳이라고 생각했다. 이에 순종했기 때문에 사역의 열매도 있고 목회의 행복도 맛보고 있다고 생각한다.

하나님의 백성의 행복은 순종에서 비롯된다. 참목회의 행복을 맛보려면 목회자는 하나님의 음성에 귀를 기울이고 들은 음성에 절대적으로 순종해야 한다. 가라면 가고, 있으라면 있는 절대적으로 순종하는 자세가 요구된다.

나는 휴스턴에서 은퇴할 생각을 하고 있다. 그러나 하나님께서 내일이라도 다른 곳으로 떠나라시면 나는 즉시 떠날 마음가짐으로 목회하고 있다. 꼭 이곳에 있어야 한다는 욕심도, 더 좋은 곳으로 가고 싶다는 욕망도 없으니 목회에 자유함이 있다. 자유함이 있으니까 더없이 행복한 것이다.

목회자는 주님의 소모품이 되어야 한다. 소모품은 필요할 때에 한 번 쓰고 버리는 물품이다. 주께서 그렇게 취급하실 리는 없으나 그래도 목회자 자신은 소모품이 될 각오로 주님의 사역에 임해야 한다. 주님의 목적을 위해 쓰임 받고 주께서 더 쓰실 필요가 없다고 하실 때에는 얼마든지 중단할 수 있는 마음가짐으로 사역에 임해야 한다. 자신에게 중요한 사역이라도 주께서 그만두라고 하시면 그만두고, 보람 있는 활동이라도 하지 말라시면 즉시 멈출 수 있는 마음가짐이 필요하다.

하나님은 이런 각오로 일하는 사람을 계속 사용하실 것이다. 그러나 사용하지 않으시더라도 행복할 수 있어야 한다. 다니엘의 친구 사드락과 메삭과 아벳느고를 기억하라. 우상 섬기기를 거부하던 이 세 친구는 만일 우상에게 절하지 않는다면 맹렬히 타는 풀무 불에 집어던지겠다는 왕의 위협 앞에 이렇게 대답한다.

"사드락과 메삭과 아벳느고가 왕에게 대답하여 가로되 느부갓네살이여 우리가 이 일에 대하여 왕에게 대답할 필요가 없나이다 만일 그럴 것이면 왕이여 우리가 섬기는 우리 하나님이 우리를 극렬히 타는 풀무 가운데서 능히 건져내시겠고 왕의 손에서도 건져내시리이다 그리 아니하실지라도 왕이여 우리가 왕의 신들을 섬기지도 아니하고 왕이 세우신 금 신상에게 절하지도 아니할 줄을 아옵소서"(단 3:16-18).

이런 절대적인 순종의 결심 속에 참된 자유가 있고 행복이 있다.

영적인 원리 적용

목회자가 행복하면 교인들도 행복해진다. 이것은 영적인 원칙이다. 나는 골든게이트 침례 신학원에서 신학 석사 학위를 취득했다. 골든게이트 침례 신학원에 재학 중일 때 신학생을 위한 수양회가 있었는데 그때 강사로 오셨던 분의 말이 생각난다.

> "졸업해서 목회자가 되거든 교인들이 하기 원하는 것을 스스로 먼저 하기 바랍니다. 교인들이 용서하기를 원하면 먼저 용서하십시오. 교인들이 기도하기를 원하면 목회자인 당신이 먼저 기도하십시오. 교인들이 헌금하기 원하면 목회자인 당신이 먼저 헌금하십시오. 광고를 하지 않고 은밀히 해도 교인들은 담임목사가 하는 것을 좋아 하게 되어 있습니다. 이것이 영적인 원리입니다."

나는 이 말을 마음 깊이 새겨두었다.

내가 처음 부임했을 때, 서울교회는 재정적으로 어려움을 겪고 있었다. 어느 때는 전임 목회자의 사례비조차 줄 수 없어서 여유 있는 분들이 청지기 헌금이라는 명목으로 따로 모아 드린 예까지 있었다고 했다. 나 역시 앞으로 사역을 해나가기 위해서는 많은 액수의 헌금이 필요한데 어떻게 해야 할지 걱정스러웠다. 이때 신학교 수양회에서 들은 말씀이 기억났다. 그래서 나는 과감하게 많은 액수의 헌금을 드리기 시작했다. 당시 나는 가족들을 캘리포니아에 둔 채 혼자 휴스턴에 와 있었다. 고등학교에 다니던 아들과 딸이 아직 학기 중이라서 가족 모두 이사할 수 없었기 때문이다. 두 집 살림을 하느라 지출이 많았지만 나는 벅찰 정도로 헌금을 하였다. 광고를 한 것도 아니니 목사인 내가 얼마나 헌금하는지 아는 사람도 없었을 텐데 이상한 현상이 벌어지기 시작했다. 성도들도 희생적으로 헌금하기 시작한 것이다. 차츰 헌금이 증가했고 내가 부임한 이래로 재정이 부족하여 사역에 어려움을 겪은 적은 없었다.

교인들의 행복지수를 높이는 목회자

목회자가 행복하다고 성도들이 자동적으로 행복해지는 것은 아니다. 교인들을 행복하게 해주기 위한 의식적인 노력이 있어야 한다. 이에 두 가지만 이야기해보겠다.

첫째, 목회자는 교인들에게 고마운 마음을 가지고 그 고마움을 표시해야 한다. 어느 목사님이 설교 중 이런 예화를 소개한 적이 있다. 목사님들이 모여서 골프를 할 때에 "아무개 장로!" 하면서 공을 친다는 것이다. 물론 장로님들로 인한 스트레스가 대단하다는 것을 설명하는 농담이었겠지만 듣는 내내 나는 몹시 거북했다.

나는 교인들에게 항상 고맙다. 사실 어떤 면에서는 목회자의 생활이 평신도의 생활보다 편하다. 오직 교회 생각만 하면 되기 때문이다. 그러나 평신도들은 생업과 교회 사역 두 가지를 다 해야 한다. 사업장이나 직장에서 시달리다가 교회에 와서 다시 사역에 마음을 쏟는 일은 말처럼 쉽지 않다. 내가 오랫동안 직장생활을 해보았기 때문에 그 둘의 조화를 이루어낸다는 것이 얼마나 힘든지 잘 안다. 나는 평신도들이 안쓰러울 때가 많다. 다만 내가 할 수 있는 말은 교인들에게 고맙다는 말뿐이다.

교인들을 향한 목회자의 고마운 마음과 감사의 말이 교인들의 교회 생활을 행복하게 만드는 것이 아닐까. 나 역시 평신도일 때가 있었고 평신도로서 목회자를 사랑하고 교회를 열심히 섬겼다. 그렇지만 가끔 목회자들에게 서운한 생각이 들 때도 없지 않았다. 목회자가 평신도의 입장을 이해하지 못하는 것처럼 느껴질 때가 있기 때문이다. 목회자들에게는 교회 사역이 삶의 전부이지만 평신도들에게는 교회 사역과 더불어 직장 사역이 있다는 사실을 무시한 채 목회자에게나 가능한 헌신을 평신도에게 요구한다고 느껴질 때는 무척 서운했다.

생색을 내자는 것이 아니다. 주(主)를 위해 하는 사역이고 천국의 상(賞)을 위해 하는 사역이다. 그러나 목회자가 평신도의 입장을 이해하고 있음을 표현해준다면 평신도로서 얼마나 더 힘이 나는지 모른다. 목회자들은 바로 이 점을 간과하고 있는 것이다. 이런 경험을 바탕으로 나는 마음속으로 교인들에게 고마워할 뿐만 아니라 그 고마움을 표현하기 위해 노력한다.

둘째, 목회자는 유머 감각을 개발해야 한다.

많은 목사님들이 너무 경직되어 있다. 얼굴 표정도, 앉는 자세도, 남을 대하는 태도도 너무 경직되어 있다. 이런 목회자와 함께 있다면 교인들도 자연히 경직될 것이다. 교인들을 편하게 해주려면 얼굴 표정부터 편하게 가져야 한다. 일례로 한국에서 열리는 목회자 모임에 가보면 마치 회사 CEO들이 한자리에 모인 것 같다는 인상을 받는다. 목회자 모임 같지 않다. 그만큼 얼굴 표정이나 자세가 딱딱하다는 뜻이다. 목회자들은 교인들이 편하게 접근할 수 있도록 얼굴 표정부터 편안해야 한다고 생각한다. 그렇게 하려면 거울을 보고 얼굴 모습이 경직되지 않도록 표정을 연습해야 한다. 나 역시 골똘히 생각에 잠겨 있을 때면 누가 지나가도 모르고 쌀쌀맞게 느껴진다는 말을 많이 듣는다. 그래서 특별히 평소 표정이나 자세가 경직되어 보이지 않도록 신경을 쓴다.

교인들과 대화를 나눌 때에도 상대방이 경직되지 않고 편하게 느낄수 있도록 특별한 배려를 해야 한다. 이때 유용한 것이 유머이다. 배설에 관한 것, 성에 관한 것, 신체장애자에 관한 우스꽝스러운 표현 따위를 유머라고 생각한다면 그것은 커다란 착각이다. 또 남을 비하하거나어색하게 만드는 것도 유머가 아니다. 예를 들어서 몸무게가 많이 나가는 사람이 밥을 먹고 있을 때 "지금 도대체 몇 그릇째야?"라고 묻는것은 조롱이지 유머가 아니지 않은가.

유머가 주는 행복한 여유

진정한 유머란 자신의 약점과 부족에 대하여 웃을 수 있는 여유이다. 남에 대하여 웃는 것이 아니고 자신에 대하여 웃을 수 있는 여유이다. 미국 사람들은 이런 유머에 능숙하다. 연설을 할 때에도 자신을 비하하는 이야기로 좌중에게 웃음을 선사한 다음 본론으로 들어간다. 이렇게 하면 듣는 사람들이 긴장을 풀게 되어 연사가 하는 말에 마음을 열게 되기 때문이다.

내가 연구소에서 일하며 연구 결과를 발표할 때에도 유머를 활용하려고 노력한 적이 많았다. 당시 정부 보조로 진행되던 연구 과제가 꽤 있었기 때문에 워싱턴에 있는 연방기관들을 찾아가 중간보고를 해야 할 경우가 종종 있었다. 한번은 내 영어가 서투르다는 것을 빗대어 다음과 같은 일화로 보고를 시작한 적도 있었다.

"수년 전 한국 고위 관료가 미국을 처음 방문하게 되었습니다. 당시에만 해도 정부 예산이 충분치 않아 수행원을 대동하지 못하고 혼자 방문하게 되었습니다. 그런데 이분이 영어가 서툴렀습니다. 그의 가족들, 특히 그의 아내는 이 점이 몹시 걱정스러웠습니다. 수주가 지난 후 미국 순방을 마치고 그가 공항에 도착했습니다. 마중을 나간 아내가 가장 먼저 이렇게 물었습니다. '당신, 영어도 잘 못하는데 미국에 가서 고생 많았죠?' 그랬더니 이 고위 관료가 대답하기를 '내가 영어를 못해서 고생한 것은 없었소. 그런데 내가 만난 미국 사람들이 내 영어 때문에 고생을 하는 것 같더군.'"

이 일화를 소개한 다음 나는 "내 영어가 서툴러서 여러분들이 너무 고생하지 않기를 바랍니다"라고 말한 다음 보고를 시작했다. 이런 농담으로 사전에 양해를 구하고 나니 나 역시 내 영어 발음에 그다지 신경이 쓰이지 않았고 청중들 역시 어느 정도 감안하여 들어주고 있다는 느낌이 들었다.

목회자는 이런 유머 감각을 개발해야 한다. 유머는 자신의 약점과 부족한 점에 대하여 말하며 웃을 수 있는 여유인 동시에 심각한 상황에서도 자연스럽게 분위기를 전환할 수 있는 기술이기도 하다. 유머러스한 면을 찾아 표현하면 경직된 분위기가 한층 편안한 분위기로 바뀐다.

잔칫상을 앞에 두고 대표 식사기도를 너무 길게 했다면 기도가 끝난 뒤 사회자가 이렇게 말해보는 것은 어떨까?

"뜨거운 국에 입이 델까봐 국이 식을 때까지 기도해주신 아무개 님께 감사드립니다."

그러면 짜증스러울 뻔한 분위기에서 금세 웃음꽃이 피어나는 것을 볼 것이다.

워런 위어스비가 쓴 「하나님의 종이 되는 일에 관하여」(On Being the Servant of God)에 보면 이런 글이 나온다. 위어스비 목사님이 유럽 선교회 사무장을 맡고 있던 노엘 리온이라는 분에게 선교사로서 갖추어야 할 중요한 자질에는 어떤 것이 있느냐고 물었다. 그때 의외의 대답을 들었다. 유머 감각이라는 것이다. 유머 감각이 없이는 선교 사역을 할 수 없다는 것이다. 생각해보면 환경이 열악한 선교지에서 견디기 위해 웃음을 잃지 않는 여유가 필요한 것은 당연하다. 나는 동의하는 마음으로 고개를 끄덕였다.

타고난 유머 감각을 소유한 사람도 있다. 하지만 유머는 배우는 것이다. 우리 가족은 미국의 일간지를 보더라도 만화가 실린 페이지를 꼭 본다. 보통 한 컷에서 네 컷으로 구성되어 있는 이 만화를 통해서 유머 감각을 개발할 수 있기 때문이다. 또 리더스 다이제스트도 기회가 될 때마다 읽는다. 리더스 다이제스트는 평범한 일상생활 가운데 유머를 발견하는 기술을 배울 수 있는 책이다. 유머집을 사서 읽을 정도로 유머 감각을 개발하기 위해 노력하는 목회자라면 행복한 목회자가 되고 행복한 교인을 만들 수 있다고 생각한다.

목사가 알고 싶은
성도의
속마음

목회자가 천국의 상을 바라보며 살아간다면
성도들은 그 목회자를 존경하고 따를 것이다.
지각있는 성도라면 이 세상에 모든 소망을 거는 것이
얼마나 어리석은 일인지 희미하나마 감지하기 때문이다.
성도는 천국을 소망하는 목회자를 확실히 존경한다.

2장

성도의 존경 속마음 :
성도는 천국을 바라보며 사는 목사를 존경한다

인생을 보는 올바른 시각

교인들은 천국을 소망하며 사는 목회자를 존경한다. 나는 교인들을 행복하게 해주려면 목사 자신이 먼저 행복해야 한다고 말했다. 그러나 진정한 행복을 누리려면 천국을 소망하며 살아야 한다. 천국에 대한 분명한 소망을 갖고 있지 못하다면 그리스도인도 행복하지 못하다. 인생의 초점을 천국에 맞추지 않고 이 세상에 맞추는 한 그 누구도 행복하지 못하다.

우리는 '인생'이라고 하면 '일생'(一生)이라고 생각한다. 그러나 인생은 일생이 아니라 '삼생'(三生)이다. 어머니 태중에서 9개월(一生), 지구상에서 90년(二生), 그리고 천국에서의 영생(三生), 우리는 이렇게 세 번의 삶을 산다. 이때 삶의 초점을 두 번째 삶에만 맞추면 진정한 행복을 맛볼 수 없다. 세 번째 삶에 초점을 맞추고 천국에 소망을 두고 살 때에 비로소 진정한 행복을 맛볼 수 있다.

인생에 성공했느냐 안 했느냐는 끝을 보아야 안다. 미국의 한인(韓人)

이민역사를 보면 70년대에는 유학생이나 전문 직종 종사자들의 이민이 많았다. 그러나 요즘은 가족 초청으로 오는 이민자들이 많다. 일찍이 미국에 정착한 친족이 가족들을 초청하는 방식으로 이루어지는 이민이다. 이 이민자 가운데는 한국에서 마땅한 직장도 없이 힘들게 생활하다가 오는 분들이 있다. 그들은 미국으로 이민을 와서 힘든 일, 궂은 일도 마다하지 않고 열심히 일해서 작은 사업체도 일구고 집도 사고 자녀들을 대학에 보내는 등 결국에는 안정된 삶을 누리게 된다.

반면에 한국에서 크게 사업을 벌이다가 망한 다음 도망치듯이 미국으로 오는 분들도 있다. 이런 사람들은 기회가 있을 때마다 자신이 한국에서 얼마나 크게 사업을 벌였는지, 얼마나 잘 살았는지 과시한다. 그렇지만 그들을 보면서 성공한 삶을 살았다고 생각하는 사람은 별로 없다. 오히려 한국에서는 고생했더라고 현재 미국에서 안정된 삶을 누리는 사람을 성공한 사람이라고 생각한다. 이 판단이 맞다. 성공과 실패를 좌우하는 것은 시작을 어떻게 했느냐가 아니라 끝을 어떻게 맺느냐에 달렸기 때문이다. 사업을 하다가 여덟 번 실패해도 마지막 아홉 번째에 성공했다면 성공한 사람이요, 여덟 번 성공을 했지만 마지막 아홉 번째에 실패한 사람은 인생에서 실패한 사람이다.

그런 의미에서 본다면 그리스도인들은 성공한 삶을 살 수밖에 없다. 최종 순간이 성공으로 끝나는 사람들이기 때문이다. 그리스도인들에게는 마지막 삼생이 보장되어 있고 그곳에 상이 기다리고 있다. 그러나 그리스도인 가운데에는 자신의 삶이 실패했다고 느끼는 사람도 있다. 하지만 이것은 마지막 인생을 보지 못하는 어리석음이 빚은 잘못된 판단이다. 모태에서 태어나 이 세상을 떠날 때까지 사는 이생만을 인생의 전부라고 생각하기 때문이다. 여기에 모든 소망을 걸고 이 삶의 결과에 따라 인생의 성패를 평가하기 때문에 실패했다고 느끼는 것이다.

많은 사람들이 인생에서 실패했다고 느끼고 불행한 삶을 살았다고 느끼는 이유는 인생을 단 한 번의 삶으로 보기 때문이다. 그러나 인생이 일생(一生)이 아니라 삼생(三生)이라는 것을 깨닫는다면 절망할 필요도 없고 불행해 할 필요도 없다.

사도들은 인생을 삼생으로 보았다. 그들은 이 세상에서 고난을 당해도 세 번째 삶의 영광을 바라보기 때문에 고난 가운데서 기뻐할 수 있었다. 인생을 일생으로 보는 사람에게는 복음을 전하다가 순교하는 사람의 인생이 실패한 인생처럼 보일 것이다. 그러나 인생을 삼생으로 보는 사람에게는 이처럼 성공적인 삶이 없다. 마지막에 성공한 사람이 진정으로 성공한 인생을 산 사람이기 때문이다.

많은 이들이 절망감과 허무감 속에서 산다. 이런 사람들에게 소망을 심어줄 수 있는 사람이 목회자이다. 교인들에게 소망을 심어주기 위해서는 목회자가 소망 가운데 살아야 한다. 그러기 위해서는 목회자들도 사도들처럼 삼생에 시선을 고정시켜야 한다. 말뿐만이 아니라 삶으로써 삼생을 목표로 사는 것이 어떤 것인지 보여줄 수 있어야 한다. 삼생을 목표로 사는 인생은 절대 실패할 수 없는 인생이며 허무할 수 없는 인생이라는 것을 보여주어야 한다.

교인들은 이런 소망을 심어주는 목회자를 따른다.

천국에 시선 고정!

사도들이 삼생에 목표를 두고 산 것은 스승이셨던 예수께서 삼생에 목표를 두라고 말씀하셨기 때문이다. 예수께서 세상에 오신 목적은 삼생, 즉 영생을 주기 위함이라고 말씀하셨다.

> "하나님이 세상을 이처럼 사랑하사 독생자를 주셨으니 이는 저를 믿는 자마다 멸망치 않고 영생을 얻게 하려 하심이니라"(요 3:16).

영생은 영원히 죽지 않는 것만을 의미하지 않는다. 영원히 죽지 않는 것만 의미한다면 지옥에 떨어지는 것도 영생이라고 말해야 한다.

> "저희는 영벌에, 의인들은 영생에 들어가리라 하시니라"(마 25:46).

영생이란 영원히 죽지 않을 뿐 아니라 영원히 계속되는 하나님과의 관계를 의미한다. 세상의 모든 사랑의 관계는 죽음으로 끝난다. 사랑하는 부모님도 돌아가시면 그 관계가 끝난다. 사랑하는 배우자도 둘 중 하나가 먼저 세상을 떠나면 그 관계가 끝나고 만다. 그러나 하나님과의 관계는 죽음 너머 저편에서까지 영원히 계속된다. 그래서 영생이다. 하나님과의 관계는 예수님을 주님으로 영접하여 하나님의 자녀가 되면서 시작된다. 예수께서도 영생이 이 세상에서부터 시작된다는 것을 곳곳에서 말씀하셨다.

> "영생은 곧 유일하신 참하나님과 그의 보내신 자 예수 그리스도를 아는 것이니이다"(요 17:3).

여기에서 '안다'는 것은 지식적으로 아는 것이 아니라 체험적으로 아는 것을 말한다. 하나님의 사랑을 알고 체험한다는 의미이다. 이 사랑의 관계는 죽음 저편에서 완성되지만 이 세상에서 시작된다.

주께서 이처럼 영생, 즉 삼생을 인생의 목표로 두셨다면 성도들도 삼생에 목표를 두고 사는 것이 당연하다. 히브리서 기자는 천국을 소망하며 사는 사람을 하나님께서 자랑스러워하신다고 말했다.

> "저희가 이제는 더 나은 본향을 사모하니 곧 하늘에 있는 것이라 그러므로 하나님이 저희 하나님이라 일컬음 받으심을 부끄러워 아니하시고 저희를 위하여 한 성을 예비하셨느니라"(히 11:16).

천국을 소망하며 사는 사람을 하나님이 자랑스러워하신다면 목회자도 천국에 시선을 고정하고 살아야겠다. 이런 목회자를 보면서 성도들도 천국에 소망을 두고 사는 법을 배우게 된다.

천국에 시선을 고정하고 사는 것이 현실 도피가 아니냐고 이의를 제기하는 분들이 있다. 그러나 그것은 현실 도피가 아니라 현실을 더욱 충실히 사는 방법이다. 인생은 일생이 아니라 삼생이라는 사실을 인지하고, 인생에 가장 중요한 삼생에 집중하는 삶을 사는 사람은 이 세상에서도 현명하고 지혜로운 삶을 살 수 있다. 절대 현실 도피가 아니다. 이런 사람이 이 세상에 모든 소망을 두고 사는 사람보다 훨씬 더 충실하게 현실을 살아간다.

기대와 소망이 없이는…

고(故) 박정희 대통령이 대한민국의 경제 성장 방안을 모색하던 중 월남전이 발발했다. 우리는 월남전에 참가하는 대가로 월남에서 진행되는 공사를 수주하여 외화를 벌어들였다. 월남전이 끝나자 외화를 벌어들일 기회도 사라져버렸다. 이때에 정부와 기업인들이 돌파구로 찾은 것이 바로 중동(中東)이다. 여러 건설 회사들이 중동에 다리를 놓고 길을 닦았다. 이때 이 일을 위해 중동에 진출한 사람들이 모두 다 건설 인력이었던 것은 아니다. 국내에서는 취업의 기회가 없어 경제적인 안정을 기대하기 어렵던 사람들이 이를 돈벌이 기회로 생각하고 해보지도 않던 육체노동을 마다하지 않고 자원하여 해외로 나갔다.

당시 중동에서 한국 건설회사의 인기는 대단했다. 일을 잘할 뿐만 아니라 빨리 했기 때문이다. 노무자를 3개조로 편성하여서 8시간씩 24시간 내내 작업했기 때문에 예정된 공기를 앞당겨서 끝낼 때가 많았다. 그렇게 하면 보너스도 주어졌다. 노무자들은 열심히 일해서 번 돈을 고스란히 고국에 송금했다. 돈을 쓸 시간도 없었고 보수적인 회교국가에서는 술 마실 기회조차 얻기 힘들었기 때문이다. 아내들은 그 돈으로 적금을 들어 전세를 얻고 또 늘려서 아파트를 사기도 하며 살림을 불려가는 재미에 빠져들었다.

그런데 여기에 따른 사회문제도 발생했다. 부부가 오래 떨어져 있다 보니 외로움을 이기지 못한 아내가 바람을 피우는 경우가 생겨났다. 중동에서 일했다는 분의 이야기를 들어보니 이 소식이 전해지자마자 그렇게 열심히 일하던 사람의 삶이 당장 무너지기 시작하더란다. 주말만 되면 비행기를 타고 술 판매가 허락되는 튀니지 같은 나라로 가서 봉급을 다 날리고 돌아오기 일쑤라는 것이다. 그럼 그토록 성실했던 사람의 삶이 왜 그렇게 무너지는 것일까?

갈 곳이 없고 기다려주는 사람이 없어졌기 때문이다. 갈 곳이 없고 기다려주는 사람이 없는 사람의 삶은 무의미하다. 보통 중년의 남성이 자신의 인생을 되돌아보면서 자신의 인생이 실패한 인생이라고 느끼며 깊은 절망감에 빠지는데 그것은 이생만이 인생의 전부이고 이생이 끝나면 모든 삶이 끝난다고 생각하기 때문이다.

막내까지 모두 대학에 진학하자 갑자기 시간적인 여유가 많아진 가정주부도 이런 회의에 빠지기 쉬운데, 자신의 인생이 남편과 자녀들 뒷바라지로 낭비되고 말았다는 생각에 허무감을 느끼는 것도 이생만이 인생의 전부이고 인생이 이것으로 끝난다고 생각하기 때문이다. 삼생에 대한 기대와 소망이 없는 삶은 무너질 수밖에 없다.

삼생에 시선을 고정하고 사는 사람은 이생을 성실히 보낸다. 이생을 어떻게 사느냐가 삼생의 질을 결정한다는 것을 알기 때문이다. 삼생을 천국에서 보낼지 지옥에서 보낼지는 이생의 삶으로 결정된다. 삼생에 얼마나 많은 상급을 받느냐도 이생에 의해 결정된다. 이생의 삶이 삼생에 영향을 미친다는 것을 알기 때문에 삼생에 소망을 두고 사는 사람들은 이생 또한 성실히 살아가는 것이다.

모태에서 나서 이 세상을 떠나기까지 이생만을 인생이라고 생각하는 사람은 진정한 의미의 행복을 누릴 수가 없다. 인생은 삼생이라는 것을 알고 시선을 삼생에 고정시키고 천국의 상(賞)을 위해 사는 사람만이 진정한 보람과 행복을 누릴 수 있다. 이런 삶의 아름다움을 보여주고 어떻게 이런 삶을 사는지 보여주는 것이 목회자의 직무이다. 목회자가 삼생에 시선을 고정시키고 사는 삶의 아름다움을 보여줄 때 성도들도 삼생에 시선을 고정하고 살아가게 될 것이다. 삼생을 알아야 이생에 전부를 걸고 살다가 인생을 낭비하며 실패로 마감하는 일이 없게 될 것이다.

인생 출장 명령

히브리서 11장 16절에서 하나님께서는 아브라함과 이삭과 야곱의 하나님이라고 불리심을 부끄러워하지 아니하신다고 했다(부끄러워하지 아니한다는 것은 히브리적인 표현으로 '자랑스러워한다'는 뜻이다). 이유는 그들이 천국에 소망을 두고 살았기 때문이다. 천국에 소망을 두고 사는 삶이란 어떤 삶일까? 13절에 그 답이 나온다.

> "이 사람들은 다 믿음을 따라 죽었으며 약속을 받지 못하였으되 그것들을 멀리서 보고 환영하며 또 땅에서는 외국인과 나그네로라 증거하였으니"(히 11:13).

삼생에 시선을 고정시키고 천국에 소망을 두고 사는 삶이란 세상에서 길손과 나그네처럼 사는 삶이다. 현대인들은 길손이니 나그네라는 말을 잘 사용하지 않는다. 히브리서 기자가 이 단어를 현대말로 표현한다면 어떻게 했을까? 어쩌면 '출장'이라는 단어를 사용했을지도 모르겠다. 하나님께서 자랑스러워하시는 사람은 인생을 출장 나온 것처럼 사는 사람이다.

그럼 어떻게 해야 인생을 출장 나온 것처럼 살 수 있을까?

첫째, 하나님이 보내셨다고 믿는다.

출장 가는 사람은 자신이 가고 싶다고 아무 때나 가는 것이 아니다.

회사에서 보내야 간다. 출장 나온 것 같은 삶을 살려면 하나님이 보내셔서 이 세상에 왔다는 사실을 의식하며 살아가야 한다.

어떤 사람은 자신이 우연히 태어난 존재라고 믿는다. 어떤 사람은 한 술 더 떠서 자신이 태어나서는 안 되었던 존재라고 생각한다. 그러나 그럴 수 없다. 하나님의 섭리 안에 '우연'은 있을 수 없다. 하나님은 우리의 머리털까지 세시며, 하나님의 허락이 없이는 참새 한 마리도 떨어질 수 없다고 하셨다.

> "참새 다섯이 앗사리온 둘에 팔리는 것이 아니냐 그러나 하나님 앞에는 그 하나라도 잊어버리시는바 되지 아니하는도다 너희에게는 오히려 머리털까지도 다 세신바 되었나니 두려워하지 말라 너희는 많은 참새보다 귀하니라"(눅 12:6,7).

이런 하나님의 섭리 가운데 사는 하나님의 자녀가 어떻게 우연히 태어난 존재일 수 있겠는가? 하나님이 자랑스러워하시는 삶, 출장 나온 것 같은 삶을 살려면 우리가 우연히 태어난 존재가 아니라 목적을 가지고 보내심을 받은 존재라는 점을 의식해야 한다. 하나님은 예언자 예레미야에게 이렇게 말씀하셨다.

"내가 너를 복중에 짓기 전에 너를 알았고 네가 태에서 나오기 전에 너를 구별하였고 너를 열방의 선지자로 세웠노라"(렘 1:5).

그러나 어찌 예레미야뿐이겠는가? 하나님의 백성은 모두 부름 받았고 보냄 받아서 태어난 존재임을 알아야 한다.

하나님께서 목적을 가지고 보내신 것이 사실이라면 어느 시대에, 어떤 가정에서, 어떤 부모 밑에서 태어날지도 하나님이 선택하셨다고 믿어야 한다. 우리를 꼭 필요로 하는 시대에, 우리를 필요로 하는 환경 가운데, 적절한 부모 밑에서 태어나도록 하셨다고 믿어야 한다. 어떤 사람은 자신이 태어난 환경을 비관하고 좋은 부모 밑에서 태어나지 못한 것을 아쉬워하지만 하나님이 자랑스러워하시는 삶을 살려면 그래서는 안 된다. 하나님께서 무한한 지혜와 섭리 가운데 적합한 시대와 환경과 부모를 선택하셨다고 믿어야 한다.

둘째, 사명을 위해 산다.

회사에서 어떤 사람을 출장 보낸다면 그때에는 분명히 할 일이 있어서 보내는 것이다. 출장과 관광은 분명히 차이가 있다. 출장은 완수할 사명을 부여하여 회사에서 보내는 것이며 관광은 즐기기 위해 스스로 선택하여 가는 것이다.

관광의 목적은 정해진 기간 동안 최대한 즐기는 것이다. 많은 분들이 인생을 관광으로 생각하며 산다. "노세, 노세, 젊어서 노세. 늙어지면 못 노나니"라는 노래 가사가 이 생각을 대변하는데 이런 인생관을 가지고 사는 사람들이 의외로 많다.

그러나 인생은 관광이 아니라 출장이다. 출장이라면 가는 목적이 분명히 있다. 인생은 출장이기 때문에 하나님께서도 사명을 주어 우리를 이 세상에 보내시는 것이다. 그러나 그 사명이 무엇인지 미리 알 수는 없다. 하나님께서 우리를 세상에 보내실 때에 "너는 세상에 가서 교회를 몇 개 지어라", "몇 명을 구원해라"라는 식으로 사명을 주시는 것은 아니다. 사명을 주시되 미리 주시는 것이 아니라 현장에서 주신다. 지금 당장 해야 할 일만을 보여주신다. 그것을 완수하면 그 다음 것을 보여주시고, 그것을 완수하면 또 그 다음 것을 보여주시며 우리가 차근차근 사명을 완수해가도록 하신다.

나는 사명을 위하여 사는 삶이 스파이의 삶과 비슷하다고 생각한다. 스파이 영화를 보면 이런 장면이 나온다. 스파이와 그의 아내가 덩그러니 식탁에 앉아 식사를 하고 있다. 전화벨이 울리고 남편이 수화기를 들자 어떤 사람이 이름도 밝히지 않고 굵고 낮은 목소리도 말한다.

"내일 양복 윗주머니에 빨간 손수건을 꽂고 아무아무 길 교차로에 있는 서점에 가서 책을 찾는 척하시오. 가죽점퍼를 입은 사람이 와서 '지금 몇 시입니까?'라고 물으면 '시계가 고장났는데요'라고 대답하시오. 그것이 암호요. 이 사람이 전해주는 봉투를 가지고 마을 공동묘지, 입구에서 오른쪽 다섯 번째 무덤 비석 뒤에 갖다놓으시오."

그런 다음 인사도 없이 전화를 끊는다. 남편은 지령을 받은 대로 다음 날 양복 윗주머니에 빨간 손수건을 꽂고 서점에 가서 책을 뒤적이는 척

한다. 이때 가죽점퍼를 입은 사람이 다가와서 말을 건네고 약속된 암호를 교환하자 봉투를 전달하고 사라진다. 스파이는 받은 봉투를 지령대로 공동묘지 입구에서 다섯 번째 무덤 비석 뒤에 갖다놓는다.

이렇게 하면 스파이로서 그의 임무는 끝난다. 봉투를 전해준 사람이 누구인지, 봉투 속에 무엇이 들었는지 알 필요도 없다. 단지 지시받은 대로 수행하면 그뿐이다.

많은 사람들이 인생의 목적에 관하여 혼동을 일으키는 것은 인생의 목적을 미리 알려 하기 때문이다. 그러나 하나님께서 장기 계획을 보여주시는 일은 드물다. 당장 해야 할 일만 보여주신다. 그 일을 잘 해내면 그때 비로소 다음에 할 일을 보여주신다. 인생의 목적을 상실한 채 자신의 사명이 무엇인지 발견하지 못해 안타까워하는 사람들은 보통 지금 해야 할 사명을 무시하고 있는 경우가 많다. 작은 사명을 무시하는 사람에게 하나님이 더 큰 사명을 보여주지 않으시는 것이다.

우리는 또 하나님께 크게 쓰임 받는 사람을 부러워한다. 다른 사람은 쓰시고 자기는 쓰지 않는 것 같은 하나님에 대해 섭섭함을 느낄 때도 있다. 그러나 누구에게 어떤 사명을 주시고 어떤 목적을 위해 사용하시느냐 하는 결정은 하나님께 달렸다. 하나님께서는 타락된 이 세상을 회복시키고자 일하신다. 이 목적을 위해 우리를 부르셨다. 하나님은 큰 그림을 보시며 뜻을 이루어나가는 분이시다. 필요에 따라 필요한 사람을 적시적지에 배치하신다. 우리는 하나님의 경륜을 다 이해할 수도 없거니와 전부 이해해야 할 필요도 없다. 하나님이 세워주신 자리에서 그분의 지시를 받아 스파이처럼 임무를 수행하기만 하면 된다. 이렇게 순종하는 가운데 그분의 뜻이 이루어지며 우리의 사명이 완수되는 것이다.

각자 맡은 일이 왜 중요한지, 하나님의 경륜에 따라 어떤 역할을 하고 있는지는 천국에 가서나 알 수 있을 것이다. 자기 노력의 결과가 어떠했는지도 삼생, 즉 천국에 가서 알게 될 것이다. 이생, 즉 이 세상에서는 확실히 알 수가 없다. 이생을 사는 동안 묻지 말고 순종하기만 하면 된다.

셋째, 소박하게 산다.

인생을 출장 나온 것처럼 사는 사람은 소박하게 산다.

출장 갈 때는 가능한 대로 가벼운 차림으로 간다. 출장 갈 때 짐차를 빌려서 냉장고 싣고 소파를 싣고 가는 사람은 없다. 그러므로 하나님이 기뻐하시는 출장 같은 삶을 살기 원한다면 소박하게 살아야 한다.

1977년 부산의 모 일간지에 난 기사를 소개해보겠다.

일찍 남편과 사별하고 홀로 네 자녀를 키워 공부도 시키고 결혼도 시킨 어머니가 계셨다. 일흔이 넘어서 이 어머니가 중병에 걸렸다. 임종이 가까웠다는 것을 감지한 사남매가 모두 어머니 앞에 모였다. 그때 어머니가 말씀하셨다.

"나는 지금까지 후회 없는 삶을 살았다. 하지만 다이아 반지를 한 번도 끼어보지 못한 것이 못내 아쉽구나."

이 말을 들은 자녀들은 방에서 나와 머리를 모으고 가족회의를 열었다. 어머니의 마지막 소원인데 들어드려야 되지 않겠느냐는 쪽으로 의견이 모아졌다. 우선 다이아 반지가 얼마인지 알아볼 필요가 있었다. 이때 맏며느리가 옆집 아주머니가 최근에 다이아 반지를 샀는데 350만 원을 주었다고 말했다. 가장 적극적인 막내딸이 말했다.

"오빠 언니가 100만 원씩 내고 내가 50만 원 보태서 하나 사드립시다."

의견이 모아졌을 때에 맏며느리가 말했다.

"어차피 돌아가실 텐데 옆집 아주머니의 다이아 반지를 빌려다가 끼워드린 다음 세상 떠나신 후에 빼서 되돌려주는 것이 좋지 않겠어요?"

생각해보니 그럴듯한 얘기였다. 사남매는 그렇게 하기로 하고 옆집 아주머니의 반지를 빌려서 고급 상자에 넣어 누워 계신 어머니께 가지고 왔다. 반지를 받은 어머니는 어린애처럼 좋아하셨다. 손가락에 끼고 불빛에 비춰보며 반사되는 영롱한 광채를 보고 기뻐하셨다. 그리고 말씀하셨다.

"물 한 그릇 가져오너라."

자녀들이 물을 그릇에 담아 갖다드리자 어머니는 반지를 빼내 입에 털어 넣고 그 물을 마셨다. 그리고 만족한 한숨을 쉬고 누우며 말했다.

"너희들이 선물한 반지를 극락세계에 가지고 가겠다."

그리고 숨을 거두셨다. 그후 자녀들 사이에는 빌려온 다이아 반지를 어떻게 다시 찾아 돌려줄지 논쟁이 벌어졌다. 아들들은 어머니의

배를 갈라 반지를 찾아야 한다고 주장했지만 그렇게 하는 것은 어머니를 두 번 죽이는 셈이라는 막내딸의 반대에 눌려 화장을 한 다음 반지를 꺼내기로 결론을 내렸다. 그러나 화장을 한 뒤 반지를 찾았을 때에는 이미 반지의 손상이 심해서 옆집 아주머니에게 그대로 돌려줄 수가 없었다. 결국 돈을 모아서 옆집 아주머니에게 새 다이아 반지를 사주었다고 한다.

이생의 삶을 마감하면서 이생에서 소유했던 것을 가지고 떠날 수 있는 사람은 없다. 출장 떠나온 것처럼 사는 사람은 천국의 삶을 준비하며 소박하게 살아가야 한다. 도리어 삼생에서 소유할 수 있는 것을 하늘에 쌓아두고 이생을 소박하게 사는 것이 지혜이다.

소박하게 살기 위해서는 어떻게 해야 할까? 오늘 밤에라도 주께서 부르신다면 가족들에게 몇 가지 부탁만 하고 떠날 수 있도록 소유를 정리하며 살아가야 한다. 소유뿐만이 아니다. 감정도 정리해두어야 한다. 주께서 오늘 당장 부르시더라도 자신에게는 물론 주위 사람들에게도 감정의 찌끼를 남기지 않고 떠날 수 있도록 준비하며 살아야 한다. 임종의 자리까지 가지 말라. 용서해야 할 일, 화해해야 할 일이 있다면 미리미리 해두어야 한다.

나 역시 가능하면 인생을 소박하게 살려고 노력한다. 유언서도 작성해놓았다. 우리 내외가 둘 다 세상을 떠나면 기념될 만한 몇 가지만을 유품으로 남긴 뒤 나머지 재산은 기독단체나 사회단체에 기증하도록 유언장에 쓰겠다고 자녀들에게 말했고 자녀들 역시 이에 동의했다.

또 나는 내가 죽으면 화장을 해달라고 부탁했다. 이 세상을 사는 동안 주님이 잠시 허락하신 육신의 용도가 끝났다면 없애는 것이 당연하다. 그것을 땅에 묻고 비석까지 세워 자손들에게 계속 돌보도록 부담을 지우는 것은 바람직하지 않다고 생각한다.

넷째, 불편을 감수한다.

인생을 출장 나온 것처럼 살자면 불편을 감수해야 한다.

이곳저곳에서 강사로 초청을 받고 있는 나는 도착하는 곳마다 좋은 숙소와 맛있는 음식을 대접받는다. 그러나 아무리 좋은 호텔 침대라도 내 집, 내가 눕던 삐걱거리는 침대만큼 편하지는 않다. 아무리 맛있는 음식을 대접받는다고 해도 아내가 만들어주는 음식만큼 맛있지 않다. 집 바깥에 나가면 아무래도 고생이다. 집이 가장 편하다.

우리의 고향은 천국이고 이 세상은 우리가 잠시 출장 나온 곳일 뿐이다. 그러므로 불편할 수밖에 없다. 우리가 출장 중이기 때문이다. 이 세상에 사는 동안 우리는 부조리와 부정과 사회악을 어쩔 수 없이 경험하며 살아야 한다. 분노와 좌절감 가운데 사는 사람들은 이생을 인생의 전부라고 생각하는 사람들이다. 그래서 어떠한 부조리도, 부정도, 사회악도 참지 못한다. 그러나 하나님의 백성들은 이 세상에 사는 것은 잠깐이며, 영원히 살 곳은 천국이라는 점을 기억해야 한다. 그러므로 세상의 부조리와 부정과 사회악에 관해 그처럼 분노하거나 좌절할 필요가 없다. 어차피 이 세상은 파괴된 세상이기 때문이다. 우리의 진정한 고향은 천국이다. 참된 정의와 사랑은 천국에서만 이루어진다. 그러므로 인생을 출장처럼 사는 그리스도인은 세상의 부조리 때문에 놀라지 말아야 하며 지나치게 반응해서도 안 된다. 그렇다고 이 세상에 대해 무관심하라는 말은 아니다. 우리는 정의와 사랑을 실현하려고 애써야 한다. 그러나 이루어지지 않더라도 절망하지 않는다. 조금이라도 나아진다면 그것으로 기뻐하는 것이 그리스도인이다.

교회도 그렇다. 교회는 거룩한 성도들의 공동체이다. 그러나 아직까지 교회는 깨어진 세상 안에 존재한다. 또 교회의 구성원인 성도 역시 죄를 용서받고 거룩한 백성이라 칭함을 받았지만 인격적으로 대단히 부족하다. 그리스도인들은 교회를 통해 천국을 일부 맛볼 수 있지만 세상의 교회가 천국이 될 수 없다는 것을 안다. 교회는 천국의 삶을 준비하는 곳에 지나지 않다는 것을 안다. 그러므로 우리는 불완전한 교회 때문에 절망하기보다 행복해 해야 한다.

교회는 의인이 모인 곳이 아니다. 용서받은 죄인들이 모인 곳이다. 예수님을 닮아보려고 노력하는 사람들이 모인 곳이다. 이기적인 사람, 교만한 사람, 독선적인 사람, 성격이 난폭한 사람들이 모여서 하나님의 임재하심 가운데 치유함을 받고자 모인 곳이다. 따라서 교회에는 갈등이 있을 수 있고 실망과 아픔이 있을 수 있다.

교회는 반드시 예수님을 닮으려고 치열하게 노력해야 한다. 그러나 동시에 예수님을 닮지 못한 사람들을 수용하는 넉넉함을 소유해야 한다.

이런 교회를 만드는 것이 목회자의 일이다. 목회자는 우선 자신의 약점과 문제를 인정해야 한다. 그리고 자신의 삶을 투명하게 내보여야 한다. 목회자는 완전해서 된 것이 아니라 하나님의 은혜로 되었다. 목회자는 이 점을 말로만이 아닌 생활로 본보여야 한다. 많은 목회자들이 성도들에게 실망을 주면 어쩌나 하는 두려움에 자신의 약점과 문제점을 감추려고 한다. 그러나 성도들은 이미 이 점을 간파한다. 이 점을 감추려고 하는 것은 오히려 정직하지 못하다는 인상을 준다. 자신의 솔직한 모습을 내보인 다음 그 문제를 극복하기 위해 자신이 어떻게 노력하고 있는지 보이는 것이 좋다. 사도 바울도 자신을 본받으라고 말했다. 그러나 자신이 완전해서 본받으라는 것이 아니라 예수님을 닮기 위해 얼마나 노력하는지 본받으라고 말한다.

"내가 그리스도를 본받는 자 된 것같이 너희는 나를 본받는 자 되라"(고전 11:1).

목회자도 문제가 있다는 사실이 성도들에게는 용기를 준다. 자신이 어떻게 문제와 싸우고 있는지 보여준다면 그 모습을 통해 성도들은 문제를 극복하는 법을 배울 수 있다. 성도들은 이런 투명한 목회자를 사랑하고 따른다.

다섯째, 상을 위해 산다.

인생을 출장 나온 것처럼 사는 사람은 천국의 상(賞)을 기대하며 살아야 한다. 회사에서 출장을 보냈을 때 소기의 성과를 거두고 돌아온 다면 회사로부터 보상이 있을 것이다. 보너스를 받든지 승진을 하게 된다. 하나님도 마찬가지이다. 하나님께서는 우리에게 사명을 주어 세상에 보내셨고 사명을 잘 완수하면 이를 보상해주신다.

마태복음의 산상수훈에서 예수께서는 끊임없이 상에 관하여 말씀하셨다. 주께서는 남에게 보이기 위해 의(義)를 행치 말라고 말씀하셨다. 이유가 무엇인가? 하나님의 상을 잃지 않도록 하기 위해서다.

> "그러므로 구제할 때에 외식하는 자가 사람에게 영광을 얻으려고 회당과 거리에서 하는 것같이 너희 앞에 나팔을 불지 말라 진실로 너희에게 이르노니 저희는 자기 상을 이미 받았느니라"(마 6:2).

구제할 때에는 은밀하게 하라고 하셨다. 상이 있기 때문이다.

> "네 구제함이 은밀하게 하라 은밀한 중에 보시는 너의 아버지가 갚으시리라"(마 6:4).

기도할 때에도 남에게 보이려고 하지 말고 은밀히 하라고 하셨다. 왜 그런가? 상이 있기 때문이다.

> "너는 기도할 때에 네 골방에 들어가 문을 닫고 은밀한 중에 계

신 네 아버지께 기도하라 은밀한 중에 보시는 네 아버지께서 갚
으시리라"(마 6:6).

주께서는 남에게 보이려 하지 말고 조용히 금식하라고 하셨다. 이유
가 무엇인가? 하나님의 상을 위해서다.

"이는 금식하는 자로 사람에게 보이지 않고 오직 은밀한 중에 계
신 네 아버지께 보이게 하려 함이라 은밀한 중에 보시는 네 아버
지께서 갚으시리라"(마 6:18).

또 세상 사람이 핍박하고 모욕할 때에는 기뻐하라고 하셨다. 왜 그
런가? 천국에서 큰 상을 받을 것이기 때문이다.

"나를 인하여 너희를 욕하고 핍박하고 거짓으로 너희를 거스려
모든 악한 말을 할 때에는 너희에게 복이 있나니 기뻐하고 즐거
워하라 하늘에서 너희의 상이 큼이라 너희 전에 있던 선지자들
을 이같이 핍박하였느니라"(마 5:11,12).

천국의 상을 기대하지 않는 이유

예수께서는 이처럼 상을 위해서 일하라고 하셨는데 그리스도인들

가운데 천국의 상을 기대하는 사람이 많지 않은 듯한 이유는 무엇인가? 여러 가지 이유가 있을 수 있겠다. 어쩌면 이단 집단에 대한 경계심 때문에 그런지도 모른다. 이단 집단은 천국의 상을 약속하며 현재의 희생을 강요한다. 그러므로 목회자가 천국의 상을 강조하게 되면 착취하기 위해 사탕발림의 말을 하는 것이 아닌가 하고 본능적인 거부감을 갖게 되는 것이다.

또한 천국의 상이 무엇인지 상상할 수 없기 때문에 그럴 수도 있다. 천국이니 지옥이니 하는 곳은 초자연적인 영역에 속한 세계이다. 우리는 3차원의 공간에 한 차원을 더한 4차원의 세계에 살고 있다. 그러나 영적인 세계는 자연 세계를 초월한 세계로 4차원보다 훨씬 높은 차원의 세계이다. 그러므로 천국이나 지옥은 상상할 수 없다. 인간 이해와 사고를 초월한 세계이기 때문이다. 차원 높은 세계는 우리가 몸담고 있는 자연 세계와 시공간 개념이 전혀 다르다. 그러므로 상상이 불가능하다.

가끔 천국을 보고 왔다는 사람들이 '과연 진정한 천국을 보고 왔을까?' 의심스러울 때가 있다. 그 사람이 정말 천국에 갔다 왔다면 그것은 진짜 천국이 아니라 하나님께서 비유적으로 이 세상에 빗대어 보여 주신 것이리라. 이 세상과 차원이 다른 세상이기 때문이다. 이 세상에 살면서 천국을 상상하고자 하는 것은 개미가 인간의 일을 상상하려고 하는 것과 마찬가지이다. 이미 상상의 범주를 벗어났다는 말이다. 예수께서도 천국과 지옥에 관하여 많은 말씀을 하셨지만 구체적으로 어떤 곳인지 자세히 설명하지 않으셨다. 천국 자체를 상상할 수 없는데 거기서 받게 될 상(賞)을 상상한다는 것이 가능할까? 상상할 수 없으니까 기대하기조차 어려운 것은 당연하다.

천국의 상을 기대하지 않는 또 다른 이유는 우리가 상을 바라며 신앙생활을 한다는 것이 유치하다는 생각에 사로잡혀 있기 때문이기도 하다. 「나는 왜 기독교인이 아닌가?」라는 책을 저술한 영국의 수학자이자 철학자인 버트란트 러셀은 자신이 기독교를 믿지 않는 이유를 소시민적인 기독교 윤리관 때문이라고 말한 바 있다. 선한 일을 하려면 선한 일 자체에 가치를 두어야 하는데 보상을 기대하며 한다는 것은 진정한 선행이 아니라는 것이다.

이것은 무척 그럴듯하게 들리지만 분명히 틀린 논리이다. 러셀은 인간을 이해하지 못하고 있다. 인간은 반드시 보상을 위해 일하게 되어 있다. 개인적으로 러셀의 삶을 돌아보더라도 그 자신이 좋은 일을 하며 살려 했던 사람은 아니라는 인상을 받는다. 그러나 만일 러셀이 선한 삶을 살기 위해 노력했다면 그 자신도 보상을 위해 살았을 것이다. 그 보상이란 다른 것이 아니라 자신은 보상을 위해 선한 일을 하는 속물이 아니라는 자부심이지 않았을까. 어느 누구도 보상 없이 일하지 않는다. 인간은 보상을 바라고 일한다. 인간은 그렇게 만들어졌다.

예수님은 이런 인간의 본성을 아셨기 때문에 보상 자체를 부인하지 않고 단지 올바른 보상을 위해 일하라고 말씀하셨다.

"세상에서 보상받기 원하는가, 천국에서 보상받기 원하는가? 사람들에게 칭찬듣기 원하는가, 하나님으로부터 칭찬듣기 원하는가?"

올바른 선택을 하라.

하늘의 상이 크도다

상을 위해 살라는 주님의 명령을 무시하고 천국의 상을 무시하는 것은 예수님에 대한 모욕이 될 수 있다. 천국의 상을 목표로 살 때 우리의 삶에 활력이 생긴다. 교회생활이 행복하다는 고백이 나온다. 우리 교회의 교인들 역시 교회생활이 행복하다고 고백하는 분들이 많다. 나는 그 이유가 하나님의 상을 바라고 사역하기 때문이라고 생각한다.

한 자매님이 있었다. 이분은 목자였다. 그 자매가 소속되어 있던 목장 인원이 많아져서 별도의 목장을 새로 구성하지 않으면 안 되었기 때문에 비록 자매의 남편이 예수를 믿지는 않았지만 목자로 임명된 케이스였다. 자매의 남편이 믿지 않아서 그랬을까? 이 목장에는 유난히 믿지 않는 남편을 둔 자매들이 많이 모였다. 믿지 않는 남편들도 목장 모임에 오기는 했지만 식사가 끝나면 우르르 다른 방으로 몰려가 TV를 보는 것이 고작이었지만. 결국 목장 모임은 여성들끼리 갖곤 했다. 목자의 믿지 않는 남편은 의사였다. 그런데 한국에서 직장생활을 하게 되어 부부는 잠시 떨어져 살게 되었다. 목자 자신도 의사였기 때문에 몹시 바빴다. 남편이 함께 있을 때는 음식을 만드는 일이나 청소, 목장 모임 준비를 수시로 도와주었는데 막상 혼자 하려니 매우 힘에 부치는 것 같았다. 눈코 뜰 새 없이 바쁜 직장생활을 해가며, 도와주는 이 없이 목장 식구들을 돌보다보니 탈진 상태에 빠진 듯했다.

목자의 상태를 파악한 나는 한 가지 제안을 하고자 식당에서 그 목자를 만났다.

"자매님, 자매님이 목장 사역을 위해 최선을 다하고 있다는 것을 하나님이 아십니다. 지금의 목장을 해체하고 전에 소속했던 목장으로 돌아가더라도 하나님은 절대 야단치시지 않을 것입니다. 제 말을 심각하게 고려해보시기 바랍니다."

자매님은 좀 더 생각해보고 답을 주겠다고 했다. 며칠 후 자매님은 목장 사역을 계속하겠다는 의사를 표명했다. 또 얼마 있다가 그 자매의 남편이 미국으로 다시 돌아와 직장을 갖게 되었다. 그러고 나서 자매의 남편이 예수님을 주님으로 영접하는 역사가 일어났다. 목장도 부흥하였고 새로운 불신자들이 그 목장에 참석하면서 예수님을 주님으로 영접하는 사역의 열매도 얻게 되었다.

얼마 후 이 자매가 가정교회 세미나에 참석한 목회자님들 앞에서 목장 사역 중 가장 어려웠던 기간을 언급하며 다음과 같이 간증했다.

"목장 사역이 너무 힘들다고 느껴질 때, 최 목사님은 지금 목장 사역을 포기하더라도 하나님은 절대 야단치시지 않을 거라고 위로의 말씀을 해주셨습니다. 그런데 집에 돌아와 생각해보니 잠시라도 사역을 포기하려 했던 제가 한심하게 느껴졌습니다. '하나님 앞에서 상을 받아야지 야단맞지 않을 정도로만 교회생활을 해서야 되겠는가?' 저는 목사님께 목장 사역을 계속하겠다고 말씀드렸습니다."

천국 상급에 대한 기대가 사역의 어려움을 극복하게 하였고 어려운 목장 사역을 기쁨으로 감당하도록 한 것이다.

이처럼 천국의 상급을 기대하며 살 수 있도록 이끌어주는 것이 목회자의 일이다. 그러나 아직도 많은 목회자의 관심이 이생에 있다. 그 증거로 축복의 개념을 생각해볼 수 있다. 목회자들이 '복'에 관한 설교를 할 때 '복'이란 대부분 돈, 명예, 권세, 성공 등 세상에서 누리는 복을 의미한다. 그러나 참된 복은 하늘의 복이다. 목회자는 하늘의 복을 가르쳐야 한다. 하나님의 사랑과 은혜, 죄 용서하심과 의롭다 하심, 기도 응답과 보호하심, 성령 충만과 성령의 은사, 천국의 소망과 천국의 상이야말로 참된 복임을 믿고 가르쳐야 한다.

목회자의 관심이 이생에 있는 한 그 목회자는 자신의 목회 성공 여부도 이 세상에 비추어 재단하고 판단한다. 목회의 성공 실패 여부를 교회성장과 결부시켜 생각하기 쉽다는 말이다. 큰 교회를 목회하면 성공한 목회자이며, 그렇지 못하면 실패한 목회자라는 식이다. 그러나 목회의 진정한 성공 여부는 천국에 갔을 때에 하나님이 판단하실 일이다.

하나님은 충성하는 자에게 상을 주신다. 사도 바울은 이렇게 말한다.

"사람이 마땅히 우리를 그리스도의 일꾼이요 하나님의 비밀을 말은 자로 여길지어다 그리고 말은 자들에게 구할 것은 충성이니라"(고전 4:1,2).

주님이 원하시는 곳에서 신실하게 주님이 원하시는 일을 하고 있을 때 하나님께서는 그 사역자를 칭찬하시고 상 주실 것이다. 목회자가 이 진리를 분명히 믿고 천국의 상을 바라며 살아간다면 성도들은 그 목회자를 존경하고 따를 것이다. 지각 있는 성도라면 이 세상에 모든 소망을 거는 것이 얼마나 어리석은 일인지 희미하게나마 감지하기 때문이다. 성도는 천국을 소망하는 목회자를 확실히 존경한다.

모든 그리움이 채워지는 천국

나는 상에 대해 큰 기대를 가지고 산다. 그러나 상이 무엇인지 모른다. 천국 또는 천국의 상급이란 인간의 이해와 사고를 초월하는 상상조차 할 수 없는 것이기 때문이다. 그러나 한 가지는 확실하다. 그것은 주님이 약속하셨고 사도들이 기대한 만큼 상은 무척 좋은 것이리라는 점이다.

사실 나는 하나님께서 상을 안 주셔도 좋다. 부족한 나를 목회자로 불러주시고 하나님의 뜻을 이루시는 데 사용해주셨다는 것만으로도 이미 충분히 상을 받았다고 생각한다. 천국에서 하나님이 내 등을 두

드려주시며 "영기야, 수고했다" 이 한마디만 해주시면 그것으로 충분할 것 같다.

그런데도 상을 기대하는 이유는 주께 순종하려 하기 때문이다. 주께서 상을 위해 살라 하셨고 이에 순종하기 위해 상을 기대하는 것이다. 그러다보니까 '천국의 상이 어떤 것일까?' 하고 생각해보게 된다. 그럼 이제부터 천국의 상에 대하여 말하겠다.

우리가 몸담고 사는 물리세계는 영적인 세계의 그림자이다. 히브리서 기자도 땅 위에 세워진 성전을 '하늘에 있는 것의 모형과 그림자'(히 8:5)라고 표현했다. 우리가 자연법칙을 통해 영적인 원리를 깨달을 수 있는 것처럼 우리는 이 세상을 통해 영적인 세계를 맛볼 수 있다. 우주의 광대함과 질서를 통해 하나님의 오묘하심과 위대하심을 맛볼 수 있다.

> "창세로부터 그의 보이지 아니하는 것들 곧 그의 영원하신 능력과 신성이 그 만드신 만물에 분명히 보여 알게 되나니 그러므로 저희가 핑계치 못할지니라"(롬 1:20).

마찬가지로 하나님과의 관계도 인간관계를 통해 맛볼 수 있다. 아기를 낳아본 사람이 자식을 향한 부모의 사랑을 깨달아 자신을 향한 하나님의 사랑을 깨닫게 되는 것처럼 말이다.

"그러므로 사랑을 입은 자녀같이 너희는 하나님을 본받는 자가 되고"(엡 5:1).

미혼의 남성이라면 약혼자를 향한 가슴 설렘을 통해 교회를 향한 주님의 사랑을 맛볼 수 있다.

"내가 하나님의 열심으로 너희를 위하여 열심 내노니 내가 너희를 정결한 처녀로 한 남편인 그리스도께 드리려고 중매함이로다"(고후 11:2).

남편은 아내를 향한 사랑을 통해 교회를 향한 주님의 희생적인 사랑을 느껴볼 수 있다.

"남편들아 아내 사랑하기를 그리스도께서 교회를 사랑하시고 위하여 자신을 주심같이 하라"(엡 5:25).

교회에서는 성도들 간에 나누는 사랑을 통해 천국 삶을 맛볼 수 있다. 그렇다면 아마도 천국은 인간의 그리움이 모두 채워지는 곳이 아닐까.

하나님께서는 인간에게 욕구를 주셨다. 욕구를 주셨다는 것은 채울 수 있는 방법도 마련해주셨다는 말이다. 배가 고플 때 음식을 먹으면 허기가 사라진다. 목이 마를 때에 물을 마시면 갈증이 사라진다. 성적인 욕구를 느낄 때 배우자와 사랑을 나누면 욕구가 해소된다. 그러나 인간에게는 채워지지 않는 욕구가 있다. 그것이 그리움이다.

나는 가정주일을 맞이할 때마다 신기한 현상을 목격하곤 한다.

"나실 제 괴로움 다 잊으시고…."

이렇게 부모님을 기리는 노래라도 부르면 여기저기서 훌쩍거리는 자매들이 눈에 띈다. 미국에 와서 부모님과 떨어져 사는 자매들이다. 그런데 훌쩍거리는 자매님들을 보니 미국에서 부모님과 함께 사는 자매들도 있다. 개중에는 부모님과 사이가 좋지 않은 자매들도 있다. 그때 나는 이 점을 깨달았다.

'아하, 자매들이 눈물을 흘리는 것은 육신의 부모가 그리워서가 아니라 '어머니'라는 단어가 불러일으키는 그리움 때문이구나!'

'어머니'라는 단어 외에도 그리움을 불러일으키는 단어는 많다. '첫사랑'이라는 단어도 그중 하나다. 객관적으로 보면 첫사랑의 대상이 꼭 아름다운 것도 아니고 그 기간이 반드시 행복했던 것도 아니다. 그래서 그토록 그리워했던 첫사랑을 나중에 만나보고 실망하는 사람도 적지 않다. 그런데도 첫사랑에 대한 그리움은 쉽게 지워지지 않는다.

고향도 그리움의 대상이다. 이북에서 월남하신 분들 중에는 북의 고향을 그리워하는 분들이 많다. 그러나 실제로 고향을 방문해본다면 자신이 그리워하던 고향이 아니라고 느낄지도 모른다. 나는 고향이 서울이다. 나 역시 아직도 고향이 그립다. 지금도 가끔 대학생이 되어 서울의 거리를 걷는 꿈을 꾸기도 한다. 내가 살던 집도 생각난다. 그래서 어쩌다 한국을 방문할 때면 서울의 거리를 걸어보고 전에 살던 집 근처를 배회하기도 했다. 하지만 여전히 그리움이 가시지 않았다. 지금은 내가 그리워하는 것이 옛집이나 거리가 아니라는 것을 안다.

하나님께서 인간에게 욕구를 주셨을 때에는 그 욕구를 채울 방법도 마련해주셨건만 왜 '채워지지 않는 그리움'이라는 욕구까지 주셨을까? 나는 그 그리움이 모두 채워지는 곳이 천국이라고 생각한다. 하나님은 우리의 심령에 천국에 대한 그리움을 남겨두셨고 우리가 천국을 소망하며 살도록 하셨다. 따라서 우리가 천국에 들어갈 때에 비로소 고향을 찾은 느낌을 갖게 될 것이다. 그때 우리는 외칠 것이다.

"아, 내가 일생 동안 그리워하던 고향이 바로 이곳이었구나."

또 주님을 만났을 때 이렇게 외칠 것이다.

"아, 내가 일생 동안 그리워했던 분이 바로 이분이었구나."

이 기대를 가슴에 안고 우리는 천국을 소망하며 살아야 한다.

천국을 향유하라

이 세상이 천국의 모형이자 그림자라면 천국뿐만 아니라 천국의 상도 이 세상에 비추어 짐작해볼 수 있지 않을까. 나는 그 상급 중 하나가 천국을 즐길 수 있는 능력이라고 생각한다.

미국으로 이민 오신 분들을 보면 같은 미국에 살지만 미국생활을 즐기며 사는 분들이 있는가 하면 불평하며 사는 분들이 있다. 즐기며 사는 분들은 가능하면 빨리 미국사람으로 동화되어보려고 애쓴다. 열심히 영어를 배워서 미국생활에 적응하려고 노력한다. 음식 습관도 미국

식으로 바꾸어 샌드위치와 햄버거로 간단히 때울 줄 안다. 이런 사람들은 미국사람이 되면 될수록 미국생활을 즐기게 되는 사람들이다.

반대로 미국생활을 즐기지 못하는 분들은 미국생활에 동화하지 못하는 사람들로 영어를 배울 생각도 하지 않고, 점심 도시락도 한국 식단을 고집하여 병에 김치를 담아 가지고 다닌다. 한마디로 미국사람이 되기에는 요원한 사람들이다. 이런 사람들은 당연히 미국생활을 즐기지 못한다.

같은 미국에 살지만 이렇게 즐기는 정도가 틀린 것처럼 천국에서도 즐기는 정도가 다를 수 있다고 생각한다. 미국사람이 되면 될수록 미국을 좀 더 즐길 수 있는 것처럼 '천국사람'이 되면 될수록 천국을 좀 더 즐기게 될 것이다.

'천국사람'은 누구일까? 바로 예수님이다. 예수님은 천국에 계시다가 이 세상에 오셨다. 옛날 미국 선교사가 한국에 왔듯이 말이다. 그 시절에는 선교사라고 하면 '미국사람'으로 통했다. 마찬가지로 예수님을 '천국사람'이라고 부를 수 있겠다. 그러므로 미국사람이 되면 될수록 미국생활을 더 즐길 수 있듯이 천국사람이신 예수님을 많이 닮을수록 우리는 천국을 더 즐길 수 있다.

사도 바울은 빌립보 교인들에게 편지를 쓰면서 이렇게 말했다.

"내가 이미 얻었다 함도 아니요 온전히 이루었다 함도 아니라 오직 내가 그리스도 예수께 잡힌바 된 그것을 잡으려고 좇아가노라"(빌 3:12).

사도 바울이 붙들려는 것은 무엇일까? 그것은 온전한 성품, 즉 '예수를 닮는 것'이다. 우리의 목표 또한 예수님을 닮는 것이다.

이어서 사도 바울은 말한다.

"푯대를 향하여 그리스도 예수 안에서 하나님이 위에서 부르신 부름의 상을 위하여 좇아가노라"(빌 3:14).

여기에서 사도 바울은 예수님을 닮는 것이 목표이자 상급이라고 말한다. 신앙생활의 목표가 예수님을 닮는 것이고, 예수님을 닮는 것이 부름의 상이라는 것이다. 예수님을 닮으면 닮을수록 천국을 즐길 수 있는 능력이 더 커진다는 것을 가정해보지 않는다면 이런 구절은 이해하기 힘들다. 그러나 예수님을 닮을 때에 천국을 더 즐기게 된다고 생각하면 예수님을 닮는 것이 왜 상급이 되는지 이해할 수 있을 것이다.

천국을 즐기는 능력이 상의 전부는 아니다. 천국의 상은 인간의 상상을 초월한다. 너무나 영광스럽고 너무나 찬란하기 때문이다. 그러나 개인적으로 오직 천국을 즐길 수 있는 능력만이 그 상이라 하더라도 인간은 그 상을 위해 인생을 투자할 만한 가치가 있다고 생각한다.

성도들은 예수님을 닮기 위해 애쓰고 천국의 상을 위해 사는 목회자를 존경하며 따른다.

성도들은 믿음의 목회자를 찾는다.
믿음에 관해 많이 듣지만 실제로 그 믿음을 삶에 적용하는 데
어려움을 겪고 있다. 그래서 구체적으로 믿음으로 사는 것이 어떤 것인지
보여주는 목회자를 찾는 것이다.
성도들은 전정한 믿음을 가진 목회자를 신뢰하며 따른다.

3장

성도의 신뢰 속마음 :
성도는 믿음 있는 목사를 신뢰한다

믿음으로 사는 그리스도인

성도들은 믿음으로 사는 목회자를 따른다.

신앙생활의 기초는 말할 것도 없이 믿음이다. 그러나 성도들은 구체적으로 어떻게 사는 것이 믿음으로 사는 것인지 잘 모른다. 많은 분들이 예수를 믿는 것, 즉 예수님을 구주로 영접하는 것이 신앙생활의 전부라고 생각한다. 그 다음으로는 어렵게 소유한 이 믿음을 잃지 않도록 조심스럽게 지키는 것이 신앙생활의 전부라고 생각한다.

그러나 우리가 이런 수동적인 태도를 갖고 있기 때문에 우리의 신앙생활이 부담스러울 수밖에 없는 것이다. 어쩌다가 의심이 밀려와도 가책을 느끼고 어쩌다가 주일예배 출석을 못해도 불안감을 느낀다. 한번 구원받은 사람은 영원히 구원을 잃지 않는다는 가르침 때문에 다소 마음을 놓기는 하지만 자신의 신앙생활이 썩 훌륭하지 못하다는 막연한 의식 속에서 느껴지는 불안감을 떨쳐버리지 못한다. 이런 성도들에게 믿음으로 산다는 것이 어떤 것이며 믿음으로 사는 것이 얼마나 아름답고 보람된 삶인지 보여주는 목회자가 있다면 성도들은 그를 신뢰할 것이다.

신앙을 떠나서라도 인간은 믿음과 확신으로 사는 사람에게 끌리게 되어 있다. 혼동 가운데 있는 사람들 틈에서 확신을 가지고 사는 사람은 단연 돋보인다. 절망 가운데 있는 사람들 틈에서 소망으로 사는 사람은 더욱 아름다워 보인다. 부정적인 사람들 틈에서 긍정적인 삶을 사는 사람은 한층 생기 있어 보인다. 목회자가 그런 믿음의 삶을 살 때 성도들이 그를 따르는 것은 당연하다.

믿음이 기독교 신앙의 기초인데도 믿음을 정의해보라고 하면 확신 있게 대답하는 사람이 많지 않다. 신뢰, 의지, 확신과 같이 비슷한 의미의 단어를 열거할 수도 있지만 정확히 정의 내리는 일은 쉽지 않다. 믿음이란 하나님과의 관계를 의미하기 때문이다. 모든 관계를 한마디로 정의하기는 힘들다. 예를 들어서 어린 자녀가 사랑이 무엇이냐고 물었을 때에 한마디로 대답할 수 있는 부모가 흔치 않은 것처럼 말이다.

나는 30세에 예수님을 영접하기까지 '믿음이란 무엇인가?'라는 문제를 가지고 씨름했다. 예수님을 주님으로 영접하고 신앙생활을 시작한 후에도 믿음과의 씨름은 계속되었다. 그러는 가운데 서서히 깨닫게 된 것은 빛나는 다이아몬드에도 여러 면이 있듯이 믿음에도 여러 측면이 있다는 것이었다. 그러면서 믿음의 모습이 총체적으로 보이기 시작했다.

성도들이 따르는 믿음의 목회자가 되기 위해서는 목회자 자신부터 믿음이 무엇인지 분명히 이해하고 자신의 삶에 적용할 수 있어야 한다. 그리고 믿음을 이해할 수 있도록 쉽게 설명할 수 있어야 한다.

믿음의 대상은 하나님이다

믿음에 관해 우리가 우선 알아야 할 것은 우리 믿음의 대상이 하나님이시라는 것이다. 당연한 말 같지만 그렇지가 않다. 많은 사람들에게 믿음의 대상은 하나님이라기보다 믿음 자체인 경우가 많다. 예를 들어서 기도 응답을 받았을 때 하나님이 응답해주셨다고 믿기보다 내 믿음 자체가 응답을 가져왔다고 착각하는 경우가 얼마나 비일비재한가? 믿음이 있으면 응답이 있고 믿음이 없으면 응답이 없다고 생각하는 것이다. 큰 믿음을 가졌다면 큰 일이 이루어지고 작은 믿음을 가졌다면 작은 일이 이루어진다고 생각한다. 물론 이 생각이 아주 틀린 것은 아니다. 믿음 여부가 특정한 결과를 가져오기도 하고 가져오지 않기도 한다. 예수께서도 고향 사람들이 예수님이 구세주인 것을 믿지 않았기 때문에 고향에서 기적을 행하지 못하셨다.

"거기서는 아무 권능도 행하실 수 없어 다만 소수의 병인에게 안수하여 고치실 뿐이었고 저희의 믿지 않음을 이상히 여기셨더라 이에 모든 촌에 두루 다니시며 가르치시더라"(막 6:5,6).

또 예수께서는 오랫동안 하혈을 하던 여인을 치유하기 전에 이렇게 말씀하셨다.

> "예수께서 돌이켜 그를 보시며 가라사대 딸아 안심하라 네 믿음
> 이 너를 구원하였다 하시니 여자가 그 시로 구원을 받으니라"(마
> 9:22).

병을 고치러 온 맹인에게는 이렇게 말씀하셨다.

> "너희 믿음대로 되라"(마 9:29).

또 귀신들린 딸을 위하여 찾아온 이방 여인에게는 이렇게 말씀하
셨다.

> "여자야 네 믿음이 크도다 네 소원대로 되리라 하시니"(마 15:28).

하나님께서는 인간의 믿음을 통하여 역사하신다. 그러나 잘못하면
하나님을 제쳐놓고 마치 믿음 자체가 역사를 불러일으키는 것처럼 생
각하기 쉽다. 나도 고등학교 다닐 때에 그런 주장을 하는 책을 읽은 적
이 있다. '적극적인 사고방식'에 대해 다룬 책이었다. 예를 들면 금년에
집을 장만하리라는 확신을 갖고 집을 산 자신의 모습을 매일 아침 머
리에 그려보면 그 해가 가기 전에 집을 살 수 있다는 식이다. 이런 믿음
은 하나님이 없이도 얼마든지 가능하다. 믿음 자체에 능력이 있고 믿
음 자체가 결과를 가져오기 때문이다.

그러나 우리의 믿음의 대상은 하나님이시다. 하나님과 하나님이 주신 약속의 말씀이 믿음의 대상이다. 한마디로 말하면 진정한 믿음이란 하나님에 대한 신뢰이다. 하나님과의 관계이다. 그러므로 하나님과의 관계에 기초하지 않은 믿음은 아무리 확신이 크다 할지라도 참믿음이 되지 못한다. 그것은 신앙이 아니다. 하나님 없이 성공을 추구하는 사람들이 갖는 신념이나 확신에 지나지 않는다.

좋으신 하나님

믿음이 자라려면 우선 하나님에 대한 신뢰가 구축되어야 한다. 내 믿음이 빨리 자라지 못했던 이유 중 하나가 하나님을 향한 신뢰의 결핍 때문이었음을 깨닫는 데도 오랜 시간이 걸렸다. 하나님을 신뢰하지 못했던 것은 어줍지 않은 나의 심리학 지식 때문이었다. 나는 고등학교와 대학교 때에 인간 심리에 관한 책을 많이 읽었다. 하나님의 눈이 아닌 과학적인 방법에 의존하여 인간을 이해해보려고 했기 때문이다.

그러는 가운데 '정신분석학의 아버지'라고 하는 프로이트의 저서를 접하게 되어 한국어로 번역된 것은 거의 다 읽었다. 바로 이 프로이트의 이론이 내가 예수님을 영접한 후 믿음이 자라는 데 큰 장애물로 작용하였다. 그러나 프로이트는 하나님의 실체를 믿지 않았다. 프로이트는 기독교에서 '아버지'라고 부르는 하나님은 인간이 갖고 싶지만 갖지 못한 이상적인 아버지 모습의 투영이라고 말했다. 실제 아버지가 채워주지 못하는 욕구를 채워줄 수 있는 이상적인 아버지의 모습이 하나님이라는 것이다. 이런 생각이 의식하지 못하는 사이에 내 잠재의식 가운데 뿌리박은 것이다.

나는 하나님이 좋으신 분이라는 것을 믿고 싶었다. 하지만 그럴 때마다 이 생각이 나를 가로막았다. 신실하신 하나님, 자비로우신 하나님, 용서하시는 하나님, 인도하시는 하나님, 복 주시는 하나님을 진실로 믿고 싶었지만 그럴 때마다 내 마음속에서 속삭이는 소리가 들려왔다.

"그런 것은 너의 바람일 뿐이야. 하나님이 실제로 그런 분일 수는 없어."

나는 하나님을 완전히 신뢰하지는 못했다. 하나님에 대한 신뢰가 약한데 믿음이 자랄 수 없었던 것은 당연하다. 그러나 어느 순간부터인가 나는 이 목소리를 의식하기 시작했고 이것이 잠재의식 속에 뿌리박은 잘못된 이론이라는 것을 깨닫고 이와 싸우기 시작했다.

"하나님은 이상적인 아버지의 투영일 뿐이야."

"하나님이 그렇게 좋으신 분일 수는 없어. 좋으신 분이라는 것을 믿고 싶어 하는 것뿐이야."

내 속에서 계속 이런 목소리가 들려왔지만 나는 성경이 말씀하는 하나님의 모습을 순수하게 그대로 믿기로 결정했다. 그때부터 나의 진정한 신앙생활이 시작되었다. 그러자 하나님에 대한 신뢰가 점점 자라기 시작했다. 하나님께서는 예언자들에게 자신이 어떤 분이신지 직접 계시하셨고 예언자들은 이 계시의 말씀을 기록하였다.

> "너희는 옷을 찢지 말고 마음을 찢고 너희 하나님 여호와께로 돌아올지어다 그는 은혜로우시며 자비로우시며 노하기를 더디하시며 인애가 크시사 뜻을 돌이켜 재앙을 내리지 아니하시나니"(욜 2:13).

> "구하라 그러면 너희에게 주실 것이요 찾으라 그러면 찾을 것이요 문을 두드리라 그러면 너희에게 열릴 것이니"(마 7:7).

> "너희가 악한 자라도 좋은 것으로 자식에게 줄줄 알거든 하물며 하늘에 계신 너희 아버지께서 구하는 자에게 좋은 것으로 주시지 않겠느냐"(마 7:11).

> "우리가 알거니와 하나님을 사랑하는 자 곧 그 뜻대로 부르심을 입은 자들에게는 모든 것이 합력하여 선을 이루느니라"(롬 8:28).

인간이 동원할 수 있는 좋고 아름다운 형용사에 최상급을 전부 사용한다 해도 하나님을 온전히 묘사하기에 부족하다. 인간이 형용하는 어떤 말로도 하나님 아버지의 선하심과 아름다움을 제대로 묘사할 수 없다.

믿음은 결정이다

믿음이 자라기 위해 알아야 할 것은 믿음이 결정이라는 사실이다.

많은 분들이 믿지 않는 분에게 "덮어놓고 믿어라"라고 권한다. 이렇게 권고하는 분들의 선한 의도야 충분히 이해하지만 듣는 사람 쪽에서는 이처럼 황당한 말이 없다. 덮어놓고 믿으라니, 믿었다가 사실이 아니면 어쩌란 말인가? 이것은 마치 내용물이 무엇인지도 알 수 없는 약병을 병석에 누워 있는 환자에게 가져와서 이 약이 병을 낫게 해줄 테니 무조건 마시라고 하는 것과 마찬가지이다.

믿음은 덮어놓고 믿는 것이 아니다. 그렇다고 증명되어 믿는 것도 아니다. 세상에서 100퍼센트 증명되는 일은 없다. 물리의 세계를 보아도 그렇다. 하이젠버그라는 물리학자가 발견한 '불확정성의 원리'라는 것이 있다. 어느 정도 미시 세계로 들어가면 더 이상 측정할 수 없는 한계치를 만나게 된다. 예를 들어서 전자의 속도와 위치를 동시에 정확히 측정할 수는 없다. 정확한 속도를 측정하자면 위치를 알 수 없고 정확한 위치를 측정하자면 속도를 알 수 없기 때문이다. 정확한 시간과 에너지를 동시에 측정할 수도 없다. 정확한 에너지를 측정하자면 에너지의 수명을 알 수가 없고 정확한 수명을 측정하자면 에너지가 얼마인지 알 수가 없다. 모든 것을 다 알 수 있다는 과학자들의 절대적인 신뢰를 뿌리째 뒤흔들어놓은 것 중 하나가 바로 이 불확정성의 원리이다.

우리가 창조주 하나님이 만드신 자연 세계를 아는 데에도 한계가 있다면 자연을 초월한 초자연의 세계, 즉 영적인 세계를 아는 데 한계가 있다는 것을 깨닫는 것은 지극히 당연한 일이다. 그러므로 영적인 실체를 과학적으로 증명하려 하는 것은 어리석은 일이다. 과학적인 측정 방법이 영적인 실체를 측정하는 데 극히 미흡하기 때문이다. 또 시간과 공간의 제한을 받는 인간의 사고로 초자연적인 영적 실체를 이해하고 논리적으로 증명하려는 것도 어리석은 일이다. 영적인 실체는 인간의 사고와 이해를 초월하기 때문이다.

궁극적으로 믿음이란 덮어놓고 믿는 것도 아니고 증명이 되어서 믿는 것도 아니다. 60~70퍼센트 정도 믿을 만한 근거가 있다고 판단될 때에 믿기로 '결정'하는 것이다.

예수님이 하나님의 아들이라는 것은 '사실'이다. 그러나 이 사실을 과학적인 방법으로 증명할 길은 없다. 이순신 장군이 실존했던 인물이라는 사실을 '과학적'으로 증명할 수 없는 것과 마찬가지이다. 그가 실제 인물이 아니라 조작된 인물이라고 고집하는 사람이 있다고 해도 이 사람의 주장을 '과학적'인 방법으로 반박하기는 곤란하다. 그러나 다른 방법으로 이순신 장군의 실체를 증명할 수는 있다. 이순신 장군의 글을 비롯한 수많은 역사 기록, 역사적인 고증에 의해 그가 실존했던 인물이었다고 결론을 내리는 것이다. 이 결론에 따른다고 해도 이순신 장군이 조작된 인물일 가능성이 완전히 배제된 것은 아니다. 하지만 그 가능성이 매우 적고 그의 실체를 증명하는 역사적인 증거가 압도적으로 많기 때문에 우리는 이순신 장군이 실제 인물이라는 것을 사실로 받아들인다.

부활 자체를 과학적인 방법으로 증명할 수는 없다. 과학적인 측정은 현상이 반복되어야 가능한데 부활은 단 일회(一回)의 사건이었기 때문이다. 진정한 의미에서 유일한 기적이기 때문이다. 그러나 예수님이 돌아가시기를 전후한 제자들의 극적인 변화, 당시의 정황이 예수님이 부활하신 것이 역사적인 사실이라는 것을 믿지 않을 수 없게 만든다. 또한 예수님 자신이 부활을 당신이 하나님의 아들이라는 증거로 제시하셨기 때문에 예수님이 부활하셨다면 예수님은 하나님의 아들이라고 믿지 않을 수 없다. 그러나 부활의 사건도, 예수님이 하나님의 아들이라는 사실도 '과학적'으로 증명되는 것은 아니다. 예수님을 하나님이 보내신 구세주로 믿는 것은 궁극적으로 믿기로 '결정'하는 일이다.

하나님이 존재하시지 않을 가능성이 있다. 부활이 역사적인 사실이 아닐 가능성이 있다. 예수님이 하나님의 아들이 아닐 가능성이 있다. 그러나 불확실성이 없다면 믿을 필요가 없다. 사실로 인정하기만 하면 된다. 그러나 이런 불확실성에도 불구하고 믿기로 결정하면 하나님께서는 우리에게 믿음의 실체를 체험하도록 해주신다. 믿는 믿음의 내용이 사실임을 체험으로 확인시켜주시는 것이다.

믿음은 결정이다. 그러나 이런 결정은 예수님을 주님으로 영접할 때만 하는 것이 아니다. 신앙생활을 시작한 이후에도 반복해서 믿기로 결정해야 한다.

우리는 인생을 살면서 하나님의 능력과 사랑에 대해 회의하게 되는 일을 종종 경험한다.

성도 가운데 30대 후반의 젊은 아기엄마가 위암에 걸렸다. 암이 발견되었을 때에는 이미 너무 많이 진전된 상태였다. 수술을 하고 항암 치료를 받았지만 악성이라 더 이상 어떤 치료도 소용이 없었다. 자매는 약 1년간 투병하다가 세상을 떠났다. 그런데 이 자매에게는 7살 미만의 올망졸망한 어린 자녀가 셋이나 있었다. 막내아들은 미처 두 돌도 되지 않았다. 이런 자녀들과 남편을 두고 세상을 떠난 것이다. 그 자매가 성도들의 간절한 기도에도 불구하고 세상을 떠났을 때 우리는 하나님의 존재와 사랑과 능력에 대해 회의하는 마음을 품을 수 있다.

'하나님이 사랑의 하나님이시라면 어린 자녀들이 좀 더 자랄 때까지 기다려주지 않으시고 왜 이 젊은 엄마를 데려가셨을까? 하나님이 전능하시다면 왜 성도들의 간절한 기도에 응답하지 않으셨을까? 하나님이 계시다고 믿는 것은 착각이 아닐까?'

우리 속에서 이런 의구심이 머리를 들 수 있다.

그러나 이런 회의가 들 때마다 성경 말씀에 기초하여 하나님의 능력과 사랑을 믿기로 결정해야 한다. 그동안 자신의 삶 가운데 베풀어주셨던 사랑과 능력을 기억하고 다시 믿기로 결정해야 한다. 이번에 기도 응답을 못 받았고 이번에 치유를 경험하지 못했지만 지금까지 기도에 응답하신 하나님을 기억하고 과거에 치유해주셨던 하나님을 상기하며 다시금 믿기로 결정해야 한다.

십자가의 사랑과 희생

하나님이 우리를 사랑하신다는 느낌은 생겼다가 없어지고, 없어졌다가 다시 생겨난다. 우리의 삶 가운데 모든 일이 잘 되면 하나님이 우리를 사랑하신다고 느끼지만 어려운 일을 당하면 하나님이 우리를 사랑하지 않으신다고 느낄 수 있다. 느낌은 믿을 것이 못 된다.

그러나 하나님이 우리를 사랑하시는 증거는 개인적인 느낌이 아니라 '십자가'이다. 하나님의 사랑을 깨닫기 위해 우리는 현재가 아닌 과거를 돌아보아야 한다. 2천여 년 전 십자가에 달리신 예수님이 우리를 향한 하나님의 사랑이 증거이기 때문이다. 바울은 이렇게 말했다.

> "의인을 위하여 죽는 자가 쉽지 않고 선인을 위하여 용감히 죽는 자가 혹 있거니와 우리가 아직 죄인 되었을 때에 그리스도께서 우리를 위하여 죽으심으로 하나님께서 우리에게 대한 자기의 사랑을 확증하셨느니라"(롬 5:7,8).

우리가 느끼는 사랑의 순도나 강도는 우리가 치르는 희생에 비례한다. 그렇기 때문에 우리는 모진 옥고를 치루면서도 변절하지 않았던 춘향의 사랑을 순정의 표본으로 생각하고, 아내의 일을 전혀 돕지 않으면서 입으로만 사랑한다고 말하는 남편의 사랑에 회의를 느끼는 것이다.

하나님께서는 죄인인 우리를 위해 하나밖에 없는 아들을 십자가에서 희생시키셨다. 십자가의 죽음이라는 역사적인 사실을 생각할 때에 우리는 하나님의 사랑을 믿지 않을 수 없다. 그러므로 하나님의 사랑에 대해 회의가 생기고 믿음이 흔들릴 때마다 우리는 십자가를 바라보며 하나님이 우리를 사랑하신다는 사실을 다시금 믿기로 결정해야 한다.

우리의 기도에 대해 하나님의 응답이 없다고 느낄 때 우리는 하나님의 사랑과 능력에 대하여 의심하게 된다. 오랫동안 기도해도 하나님이 침묵하시거나 기도 내용과 상반되는 쪽으로 상황이 전개될 때 하나님의 사랑뿐만 아니라 존재까지 회의하게 되는 수가 있다. 그러나 이럴 때에도 다시 믿기로 결정해야 한다. 그 근거는 또다시 십자가이다. 십자가의 대속(代贖)의 죽음이 사실이라면 하나님의 사랑은 사실이다. 하나님의 사랑이 사실이라면 하나님의 자녀에게 좋은 것으로 주시리라는 말씀 또한 사실이다. 그렇다면 우리의 기도에 응답하지 않으시는 것이 우리에게 최선임을 믿지 않을 수 없는 것이다.

"자기 아들을 아끼지 아니하시고 우리 모든 사람을 위하여 내어 주신 이가 어찌 그 아들과 함께 모든 것을 우리에게 은사로 주지 아니하시겠느뇨"(롬 8:32).

많은 성도들의 믿음이 자라지 않는 이유 중 하나는 믿음의 기초를 하나님에게 두지 않고 기도 응답에 두기 때문이다. 그렇기 때문에 기도 응답을 받으면 믿음이 생기고, 응답을 받지 못하면 믿음이 흔들려

버리는 것이다.

하나님께서는 우리의 기도에 응답하여 기적조차 베풀어주시는 분이다. 그러나 자녀들을 사랑하신다고 해서 원하는 대로 다 주시는 것은 아니다. 자녀를 사랑하는 부모는 자녀들이 원하는 대로 다 해주지 않는다. 원하는 대로 다 해주는 부모는 자녀를 사랑하는 것이 아니라 파괴하는 것이다. 그렇게 자란 자녀가 어떻게 될지 너무나 잘 알기 때문이다. 자녀를 사랑하는 부모라면 부모가 아무리 갑부라고 해도 어린 자녀에게 많은 금액의 용돈을 주지는 않는다. 또 어릴 때부터 집안일을 돕도록 훈련시킨다. 그래야 자녀들이 책임감 있는 건강한 성인으로 자랄 수 있기 때문이다. 인간의 부모도 그런데 하물며 하나님께서는 더욱 그러지 않으시겠는가?

> "저희는 잠시 자기의 뜻대로 우리를 징계하였거니와 오직 하나님은 우리의 유익을 위하여 그의 거룩하심에 참예케 하시느니라"(히 12:10).

하나님께서는 우리를 사랑하시기 때문에 우리의 모든 기도를 다 들어주시지 않으며 기도할 때마다 기적을 베풀어주시지도 않는다. 그것이 우리를 올바르게 인도하지 않는다는 것을 너무나 잘 아시기 때문이다. 그러므로 우리는 우리 믿음의 근거를 기도 응답에 두어서는 안 된다. 하나님께 두어야 한다. 십자가를 통해 보여주신 하나님의 사랑에 두어야만 한다.

하나님께서는 자녀들이 드리는 기도에 반드시 응답하신다. 최선의 것을 최선의 때에 주신다. 그러나 최선의 것이 무엇이며 최선의 때가 언제인지는 하나님의 지혜에 맡겨야 한다. 하나님이 보시는 최선의 것과 최선의 때를 이해하려면 인생을 일생으로 보는 좁은 인생관에서 벗어나야 한다. 인생은 일생이 아니라 삼생이라는 사실을 기억하라. 하나님은 삼생 전체를 보시며 거기에 비춰서 최선의 것을 최선의 때에 주신다. 이 세상이 전부라면 우리는 하나님이 우리를 사랑하시고 최선의 것을 주신다는 말씀을 믿지 못할 것이다. 그 말씀에 상치되는 일이 일어나기 때문이다. 우리에게 교통사고가 나기도 하고, 사업이 실패하여 어려움을 겪기도 하고, 질병으로 고통당하기도 하고, 갑자기 세상을 떠나기도 한다. 인생이 일생이라면 이런 상황 가운데 하나님의 능력과 사랑을 확신하기 어렵다. 그러나 인생이 삼생이라는 점을 기억하면 달라진다.

그러므로 하나님이 우리의 기도에 응답하지 않으시는 것 같고, 상황이 우리의 기대나 기도와 다르게 전개되더라도 흔들려서는 안 된다. 하나님의 사랑과 능력을 의심해서는 안 된다. 거듭거듭 믿기로 결정해야 한다. 왜 예상 밖의 일이 생겨났는지는 천국에 갔을 때에 설명이 될 것이다. "아, 그래서 하나님께서 그때 고난을 허락하셨구나", "아, 이런 이유 때문에 그런 사고가 있었구나"라고 그때 비로소 우리는 하나님이 최선의 것을 최선의 때에 주셨음을 알게 될 것이다. 그때까지는 믿기로 결정하며 살아야 한다. 하나님은 전지전능하신 분이시며 최선의 것을 최선의 때에 주신다고 믿으며 또한 이 점을 반복하여 믿기로 결정하며 살아야 한다.

믿음은 모험이다

믿음은 성경공부를 한다고 자라는 것이 아니다. 하나님의 능력을 체험해야 자란다. 기적을 체험해야 한다. 그런데 우리가 기적을 체험하지 못하는 것은 모험을 두려워하기 때문이다. 안전하게 살려 하기 때문이다. 자신이 할 수 있는 일, 확률적으로 될 만한 일만 골라서 하니까 하나님의 초자연적인 능력을 체험할 수 없는 것이다.

우리 믿음의 선조들은 모험을 통하여 하나님을 경험했다. 3백 명의 소수 병력으로 수만 명의 미디안 족속을 물리친 기드온, 거인 골리앗을 돌팔매로 넘어뜨린 어린 다윗, 물위를 걸은 베드로, 모두가 다 그렇다. 모험을 하지 않고서는 하나님의 능력을 체험할 수가 없다. 그렇다고 무모하게 모험을 하라는 것은 아니다. 주님의 뜻이 분명하고 주님의 초청이 있을 때에 우리는 모험을 해야 한다. 우리가 모험할 때에 초자연적인 능력을 체험하게 되고 이를 통하여 우리 믿음이 자라나기 때문이다. 절대적인 순종은 우리 가운데 기적을 불러일으키고 하나님의 능력을 체험하도록 인도한다.

남이 해보지 않은 것을 처음 할 때 그것은 모험이 된다. 그런 의미에서 가정교회 사역을 시작하며 나는 가정교회 사역을 위해 많은 모험을 했다. 12년간 몸담았던 정든 교회를 버리고 아는 사람 하나 없는 휴스턴 서울교회 담임목사 청빙에 응한 것부터가 모험의 시작이었다. 부임하고 나서 남이 해보지 않은 가정교회를 시도한 것 역시 모험이었다. 어려움도 있었고 반대에도 부딪혔다. 그러나 하나님께 순종하며 고집스럽게 가정교회 사역을 이어나갔다. 가정교회가 정착되고 소문이 나기 시작하면서 세미나 주최를 권유하는 사람이 생겨났다. 크지도 않는 교회에서 잘 알려지지도 않는 나 같은 사람이 세미나를 연다면 누가 올까 싶었지만 하나님의 뜻이라고 생각되어 세미나도 개최하였다. 이것도 일종의 모험이었다. 세미나에 다녀간 목회자들의 요청으로 평신도 세미나까지 개최하게 되고 가정교회를 시도하는 목회자들을 위한 컨퍼런스도 시작했다. 사역이 확산되면서 가정교회 사역원을 설립하고 한국과 미국에 간사를 두어 사역을 확장해나갔다. 휴스턴에 장기간 체류하면서 가정교회를 배우고 싶어 하는 분들을 위해 아파트 두 채를 준비하여 연수 프로그램도 시작하였다. 이것이 다 모험이었다. 그러나 주님의 뜻을 좇아 모험을 할 경우, 되지 않을 일이 되는 것을 보았고 생길 수 없는 일이 생기는 것을 보았다. 그 과정에서 나는 믿음의 사람이 되어갔다.

휴스턴이라는 미국 한 도시에 소재한 작은 한인교회에서 시작된 가정교회는 미국 전역에 퍼졌고, 한국으로 전파되었고, 세계 곳곳의 선교지로 확산되어가고 있다. 이런 큰 사역을 하게 된 것은 내게 그만한 역량이 있어서가 아니다. 하나님의 뜻이라고 생각되어 위험 부담을 각오하고 절대적으로 순종하려 했기 때문이라고 생각한다.

나는 하나님의 뜻을 발견하고 확신하는 데 시간이 많이 걸리는 사람이다. 하나님의 뜻이라고 생각되어도 계속 기도하며 재확인하기 때문이다. 자신의 뜻을 하나님의 뜻으로 착각하기가 얼마나 쉬운지 잘 알기 때문이다. 이제 나는 내 뜻과 하나님의 뜻을 분별하는 법을 조금이나마 터득했다. 그중 하나가 이것이다. 자신의 소원은 시간이 지나면 사라지지만 하나님이 주신 소원은 시간이 지나도 사라지지 않는다는 것이다. 그래서 소원이 생기더라도 이것을 놓고 더 기도해본다. 그래도 소원이 사그라지지 않으면 하나님의 뜻이라는 결론을 내린다.

일단 하나님의 뜻이라고 결정하면 그 다음에는 과감히 일을 추진한다. 위험 부담이 있더라도 감행해본다. 과감하게 추진하지만 이때에도 하나님의 뜻을 100퍼센트 확신하기 때문에 그런 것은 아니다. 말씀에 비추어 보고, 다른 사람의 의견을 들어보고, 자신의 내적 동기를 다시 살펴보아도 100퍼센트 하나님의 뜻이라고 확신할 수 없을 때도 있다. 그러나 하나님의 뜻도 결국에는 하나님이 뜻이라고 '결정'하는 것이다. 그래서 70 내지 80퍼센트 심증이 가면 하나님의 뜻임을 믿기로 하고 추진한다.

하지만 내가 신앙생활을 시작할 때에는 이런 식으로 담대하지 못했다. 하나님의 뜻을 잘못 이해했다가 실패를 맛보면 어쩌나 하는 두려움에 조바심을 내곤 했다. 그러나 믿음이 자라면서 하나님의 뜻을 잘못 읽을까봐 너무 두려워할 필요는 없다는 것을 서서히 깨닫게 되었다.

나는 하나님의 뜻을 이렇게 이해했다. 어떤 상황에서 '갑'이라는 선택과 '을'이라는 선택이 주어졌다고 하자. 둘 다 하나님의 계명에 어긋나지 않는다. 이때 갑과 을 중 하나가 하나님의 뜻이라고 하면, 그래서 잘못하여 하나님의 뜻이 아닌 쪽을 선택하면 큰 역경이나 실패를 맛보게 된다고 하면 조바심을 내며 담대한 결정을 내릴 수 없게 되는 것은 당연하다.

그러나 이것은 하나님의 뜻이 아니라 운명론이다. 이슬람교도들이 이런 사상을 갖고 있다. 그들은 알라의 섭리 가운데 인생의 모든 것이 이미 정해져 있다고 생각한다. 정해진 운명에 거역하려 해도 거역할 수 없다고 생각한다. 따라서 이들은 자신들이 시도하는 일의 결과가 어떻게 되든지 간에 "다 알라의 뜻이야"라는 말로 결론을 내린다.

그러나 하나님의 뜻은 숙명이 아니다. '갑'과 '을'이라는 두 가지 선택이 우리 앞에 놓여 있을 때 두 가지 모두 하나님의 뜻일 수 있다. 물론 갑이라는 선택과 을이라는 선택에 따라서 다른 상황이 전개될 수 있다. 그러나 그 선택이 하나님께 영광을 돌리고자 하는 목적에서 신뢰와 순종을 바탕으로 내려진 것이라면 두 선택의 결과가 다를지라도 그것은 둘 다 하나님께 영광이 될 것이다.

어린 자녀가 그림을 그릴 때에 부모가 도울 수 있는 방법은 두 가지다. 한 가지는 아이가 실수하지 않도록 부모가 아이의 손을 잡고 그려주는 것이다. 그렇게 하면 아름다운 그림이 나올 수 있다. 또 다른 방법은 아이가 마음대로 그림을 그리도록 한 후 그림에 어울리도록 배경을 넣고 색깔을 넣어서 한 폭의 아름다운 다른 그림을 만들어내는 것이다. 어떤 방법을 따르느냐에 따라 두 개의 서로 다른 그림이 그려질 것이다. 그러나 둘 다 아름다운 그림이 될 것이다.

하나님께서 하나님의 자녀를 인도하시는 방법은 전자보다는 후자에 더 가깝다. 하나님께서는 하나님의 자녀에게 많은 재량권을 주셨다. 주님의 영광을 위한 결정이라면 어떤 결정을 내리든지 하나님께서 개입하시고 합력하여 선을 이루어주신다.

이 점을 알고 나니까 잘못된 결정을 내릴까봐 마음을 졸이거나 두려워하는 마음에서 해방될 수 있었다. 결정을 내리는 일에도 모험하는 일에도 두려움을 갖지 않게 되었다. 내가 사심 없이 하나님께 영광을 돌리기 위해 결정한 일이라면 혹시 그 결정이 잘못되었더라도 하나님께서 좋은 결과가 생기도록 해주시리라는 것을 확신하게 되었다.

그러나 모든 결정이 이래도 좋고 저래도 좋은 것은 아니다. 하나님이 원하시는 것이 딱 한 가지 결정일 경우도 있다. 그러므로 어떤 결정을 앞두고 있든지 간에 일단 하나님의 뜻은 하나라는 가정에서 시작하라. 기도하는 가운데 두 가지 결정으로 압축되었는데 둘 중 어느 쪽이 하나님의 뜻인지 확신이 생기지 않는다면 다시 하나님에 대한 신뢰에 비추어 결정한다. 어떤 결정이 더 하나님을 신뢰하는 것인지 생각해보는 것이다. 어차피 하나님의 뜻을 100퍼센트 알 수 없다면 전폭적으로 하나님을 믿고 실수하자! 그러면 천국에서 하나님이 "너는 어떻게 그렇게 턱없이 나를 믿었느냐?"라고 꾸중하실는지 몰라도 하나님을 굳게 신뢰했다는 사실 자체로 칭찬해주실 것이다.

죽으면 천국인데 무엇이 두려우랴!

내가 모험을 두려워하지 않게 된 데에는 또 하나의 이유가 있다. 죽기를 각오하고 살기 때문이다. 장래가 불확실한 결정을 내릴 때 나는 종종 자신에게 이렇게 말한다.

"죽기밖에 더하겠느냐!"

내가 이 말을 하기 시작한 것은 목회자가 되기 전 직장생활을 할 때부터였다. 나는 전자공학을 전공하고 연구실에서 일했지만 엔지니어링이 적성에 맞지 않았다. 대학 입시를 앞두고 과를 선택할 때에 취직이 잘 된다는 공학을 선택한 것도, 미국으로 유학 와서 전공분야의 박사 학위를 취득한 일도, 졸업 후 반도체 관련 연구원에서 일하게 되기까지 모든 선택이 나의 적성과 상관없이 이루어졌다.

그렇게 적성에 맞지 않는 일을 하다보니 기대에 못 미쳐서 직장에서 해고를 당하면 어쩌나 하고 항상 두려웠다. 일하던 연구소는 회사 산하 기관이기도 했지만 거의 독립적으로 운영되었다. 예산의 30퍼센트 정도가 회사로부터 나왔고 70퍼센트 정도는 정부기관에서 지원을 받았다. 정부 보조를 받는 연구실의 성공 척도는 연구 논문을 몇 편이나 발표하느냐에 달렸다. 그러다 보니 연구 논문이 많이 나오지 않으면 또 불안해진다. 이 불안감을 달래기 위해 나는 그 기간 동안 심리학에 관한 책을 많이 읽게 되었다.

그러다가 상담 기술 중 '사실 상담법'(Reality Therapy)이라는 것을 발견했는데 그 핵심인즉, 두려움의 실체를 객관적으로 파악하고 직시하라는 것이다. 막연한 불안이 두려움을 과장되게 만들기 때문에 이 두려움이 과연 근거가 있는지, 사실에 기초한 것인지 질문을 통해 확인하라는 것이다. 그렇게 하기 위해서 일어날 수 있는 최악의 상황을 설정하고, 일어날 수 있는 최악의 결과를 상상해보라고 한다. 그렇게 할 때 자신이 두려워하는 최악의 상황과 최악의 결과가 얼마나 우스꽝스럽고 현실화될 가능성이 없는지 깨닫고 과장된 두려움에서 헤어나오게 된다는 것이다.

나는 이 책을 읽고 자신에게 일련의 질문을 던지기 시작했다.

"내가 두려워하는 것이 무엇인가?"

"연구 논문 발표가 제대로 되고 있지 못하는 것이다."

"연구 논문 발표가 안 되면 무슨 일이 생기는가?"

"상사에게 인정받지 못하고 봉급도 인상되지 못할 것이다."

"상사에게 인정받지 못하고 봉급 인상이 되지 않으면 무슨 일이 생기는가?"

"해고당할 것이다."

"해고를 당하면 무슨 일이 생기는가?"

"다시 직장을 얻지 못할지도 모른다."

"다시 직장을 얻지 못하면 무슨 일이 생기는가?"

"굶어죽을 것이다."

"굶어죽으면 무슨 일이 생기는가?"

"천국에 간다."

이렇게 최악의 상황을 가정하여 최악의 결과를 추적해보니 끝은 천국이었다. 그런데 천국에 가는 것은 축복이다. 최악의 시나리오를 가정해보아도 종국에는 축복으로 끝난다면 사실 아무것도 염려할 것이 없다는 생각이 들었다. 이것은 염려가 많은 사람들을 위한 일종의 상담테크닉인데 나는 이런 일련의 생각으로 두려움을 물리칠 수 있었다.

신실하신 하나님께서는 적성에 맞지 않는 연구 분야에서도 많은 논문을 발표하여 인정받도록 해주셨다. 내가 9년간의 직장생활을 통해 얻은 가장 큰 수확이 있다면 "죽기밖에 더 하겠느냐!"라는 배짱이 생긴 것이다. 이런 배짱으로 모험을 두려워하지 않게 되고, 모험을 했을 때 하나님의 초자연적인 능력을 체험하게 되고, 능력을 체험하면서 하나님에 대한 신뢰와 믿음이 자리 잡게 되었다.

목회 실패에 대한 두려움을 가진 목회자들은 이 테크닉을 사용해보기 바란다. 자신이 주님이 원하시는 목회를 하고 있는지 없는지만 살피기 바란다. 주님이 원하시는 곳에서 주님이 원하시는 일을 하다가 실패하여 궁극적으로 목숨까지 잃는다면 그것은 순교이다. 이보다 더 영광스러운 일은 없다. 이런 영광이 기다리고 있는 길을 두려워할 필요는 없다.

믿음은 기대이다

신앙생활을 시작하면서 내게 어려움을 주었던 성경구절이 있었다.

> "내가 진실로 너희에게 이르노니 누구든지 이 산더러 들리어 바다에 던지우라 하며 그 말하는 것이 이룰 줄 믿고 마음에 의심치 아니하면 그대로 되리라"(막 11:23).

잘 알려진 어느 목사님이 이 구절로 다음과 같이 설교하신 적이 있었다. 기도할 때에 이미 받은 줄로 생각하고 기도하라는 것이다. 예를 들어서 책상을 원한다면 "책상을 주십시오"라고 막연하게 기도하지 말고 책상의 모양과 크기와 색깔 등 구체적인 그림을 머리에 그리고 구하라는 것이다. 이 말씀을 듣고 나도 구하는 것을 머리에 그리며 기도하기 시작했다. 그러나 결과는 만족스럽지 않았다. 원하는 대로 이루어질 때도 있었지만 이루어지지 않을 때가 더 많았다. 나의 경험은 그분의 경험과 달랐다. 그러자 자신에 대해 회의가 생겼다.

'나는 믿음이 없는 사람인 모양이야. 나는 성격상 믿음의 사람이 되

지 못하는 모양이다.'

그러나 나는 믿음으로 기도한다는 것이 무엇인지 다시금 서서히 깨닫게 되었다. 믿음으로 기도한다는 것은 원하는 대로 되리라 믿으며 기도하는 것이 아니다. 기대를 가지고 기도한다는 것이다. 믿음은 기대이다. 기대가 없는 곳에는 하나님의 능력이 역사하지 못한다. 예수께서 외지에서 사역하시다가 고향을 방문했을 때에 고향에서는 많은 기적을 행할 수가 없었다. 고향 사람들은 예수님에 대해 기대하는 바가 없었기 때문이다.

"거기서는 아무 권능도 행하실 수 없어 다만 소수의 병인에게 안수하여 고치실 뿐이었고"(막 6:5).

믿음으로 기도한다는 것은 기도하면 하나님께서 무시하지 않으시고 어떤 형태로든지 응답하시리라는 것을 확신하며 그 기대를 가지고 기도한다는 것이다. 예수께서는 이렇게 말씀하셨다.

"구하라 그러면 너희에게 주실 것이요 찾으라 그러면 찾을 것이요 문을 두드리라 그러면 너희에게 열릴 것이니"(마 7:7).
"너희가 악한 자라도 좋은 것으로 자식에게 줄줄 알거든 하물며 하늘에 계신 너희 아버지께서 구하는 자에게 좋은 것으로 주시지 않겠느냐"(마 7:11).

그러므로 하나님의 자녀가 하나님께 필요한 것을 구했을 때에 아버지 되시는 하나님께서 그 기도를 무시하리라는 것은 생각조차 할 수 없다. 반드시 좋은 것을 좋은 때에 주시리라고 믿어야 한다. 단지 무엇이 최선의 것이고 무엇이 최선의 때인지는 하나님에게 믿고 맡겨야 한다.

기도 응답에는 믿음이 절대적이다. 기도하고 난 다음 "하나님께서 알아서 해주십시오"라고 꼬리를 다는 것은 하나님에 대한 신뢰의 표현이 아니라 불신의 표시일 수 있다. 하나님께서 기도에 응답하시리라는 확신이 없다는 증거이다. 이런 믿음 없는 기도는 응답받기 어렵다.

믿음은 역사를 불러일으킨다. 그러나 믿음은 자신이 원하는 대로 되리라는 확신이 아니다. 하나님께서 응답하시어 최선의 것을 최선의 때에 주시리라는 기대이다. 이런 기대가 없는 곳에는 기도 응답도 없고 역사도 일어나지 않는다.

그러므로 기대를 가지고 기도해야 한다. 하나님께 지혜를 구했으면 지혜 주실 것을 기대해야 한다.

"너희 중에 누구든지 지혜가 부족하거든 모든 사람에게 후히 주시고 꾸짖지 아니하시는 하나님께 구하라 그리하면 주시리라"(약 1:5).

지혜를 구하는 기도를 드린 후에는 주일설교 말씀, 친구의 조언, 신문

기사까지 조심해서 듣고 보아야 한다. 구하면 지혜를 주시겠다고 약속하신 하나님께서 언제 어떤 방식으로 지혜를 주실지 모르기 때문이다.

이런 기대를 가지고 신앙생활을 할 때에 그 신앙생활은 열정으로 가득 차게 된다. 그 인생은 행복하지 않을 수 없다. 그 목회가 재미없을 수가 없다. 성도는 이런 믿음의 목사를 따르지 않을 수 없다.

믿음은 감사이다

믿음이 자라지 않는 것은 감사할 줄 모르기 때문이다.

기도 응답을 받은 적이 없다고 불평하는 사람들이 있다. 그러나 하나님의 기도 응답은 남의 얘기가 아니다. 그런데 왜 응답을 받지 못했다고 느낄까? 그것은 하나님의 기도 응답이 초자연적인 방법으로만 온다고 생각하기 때문이다.

하나님께서 우리의 기도에 응답하실 때에는 초자연적인 방법을 동원하시기도 하지만 보통 자연스러운 방법으로 하신다. 예를 들어서 쌀이 떨어져서 쌀을 달라고 기도했다면, 금세 쌀이 천장에서 쏟아져 내리는 것이 아니라 어떤 사람이 쌀을 사들고 오는 식이다. 그런데 그 일이 가능한 사람, 충분히 쌀을 사들고 올 만한 사람이 쌀을 들고 올 경우, 너무 자연스러우니까 그 사람이 쌀을 사들고 온 것이 기도의 결과라고 믿기 어려워진다.

믿기 시작하고 나서 나도 비슷한 문제로 씨름하였다. 이제 막 예수를 믿고 기도생활을 시작하면서 응답의 재미를 맛보기 시작했을 때, 응답이 온 후에 항상 이런 의문이 떠나지 않았다.

'정말 하나님이 내 기도에 응답해주신 것인가, 아니면 기도하지 않았어도 될 일을 응답받았다고 생각하는 것인가?'

나는 하나님께 또다시 이렇게 기도했다.

"하나님, 기도 응답이 와도 이것이 아버지께서 응답하신 결과인지 아닌지 회의를 품게 됩니다. 하나님을 시험하려는 것은 아닙니다. 하지만 이제부터 기도 응답에 대하여 의심하지 않도록 하나님께 5가지 제목을 놓고 기도할 테니 이 기도에 응답해주세요."

하나님께서는 6개월 안에 이 기도 제목에 전부 응답해주셨다. 하나님께서 기도에 응답하시는 하나님이심을 보여주신 것이다. 그후 나는 기도 응답에 관하여 확신이 생겼다. 확신이 생겼다고 해서 회의가 완전히 사라진 것은 아니다. 그러나 이 응답을 받고 난 후부터 기도하고 난 다음에 일어난 일은 아무리 자연스럽게 일어났다고 해도 기도의 응답이라고 믿기로 결정했다.

사실 기도 응답이 왔을 때에 그것이 기도의 결과라는 것을 과학적으로 증명해보이기는 어렵다. 그러나 기도할 때마다 기도한 대로 일이 전개되면 바보가 아닌 이상 기도의 응답이라고 결론 내려야 옳다. 기도할 때마다 좋은 일이 생기는 것을 자주 경험하자 이제는 하나님이 침묵하시더라도 침묵 자체를 응답으로 받아들이는 일까지 자연스러워졌다.

어떤 분은 기도 응답을 많이 받고, 어떤 분은 받지 못하는 경우가 있다. 기도 응답을 못 받은 사람이 많이 받는 사람의 간증이라도 듣게 되면 슬그머니 하나님을 원망하는 마음이 생길 수 있다. 다른 사람의 기도는 들어주면서 자신의 기도는 들어주지 않으시는 하나님에 대한 서운함 때문이다. 그러나 기도 응답을 못 받는 사람도 기도 응답을 못 받은 것이 아니라 사실은 받고서 모르기 때문일 경우가 많다. 보통 하나님께서는 자연스러운 방법으로 응답하신다. 그래서 응답을 받고도 모르는 것이다. 그러므로 기도 응답을 통해 믿음이 자라기 바란다면 감사하는 습관을 들여야 한다.

크리스천이 먼 여행길을 떠날 때에는 안전한 여행길이 되기를 기도한다. 그러다가 교통사고를 당하는 수가 있다. 그런 사고 가운데서도 가족이 무사하다면 기도 덕분이라고 생각하며 하나님에게 감사하고 감사헌금을 바치기도 한다. 그러나 아무 일 없이 여행을 다녀오면 하나님께 감사하지 않는다. 기도에 응답해주셔서 사고 없이 무사히 다녀오게 해주셨는데도 말이다. 그러므로 기도한 후에 기도한 대로 이루어졌다면 감사하라. 이렇게 감사를 꼽다보면 하나님께서 얼마나 신실하게 우리의 기도에 응답해주셨는지를 알게 되고 이런 체험이 쌓일 때에 우리 안에 믿음이 자라게 될 것이다.

우리 교회 성도들은 기도 응답을 받았다고 생각되면 작은 금액이라도 감사헌금을 바쳐서 감사의 마음을 구체적으로 표현하고 있다. 이렇게 감사헌금을 바쳐서 기도 응답을 확인하는 가운데 우리의 믿음은 자라간다.

신뢰와 염려는 반비례한다

자신이 하나님을 신뢰하는지 안 하는지 어떻게 알 수 있을까? 염려하는지 안 하는지 보면 알 수 있다. 야고보는 이렇게 말했다.

> "이러므로 사람이 선(善)을 행할 줄 알고도 행치 아니하면 죄니라"(약 4:17).

여기에서 선이라는 것은 일반적인 의미의 선이 아니다. 야고보가 의미하는 선이 무엇인지 알기 위해서는 13절부터 읽어야 한다.

여기에 한 사업가가 등장한다. 이 사업가의 문제는 무엇일까? 이 사업가의 문제는 내일이 자신의 손에 달렸다고 생각하는 것이다.

> "들으라 너희 중에 말하기를 오늘이나 내일이나 우리가 아무 도시에 가서 거기서 일 년을 유하며 장사하여 이(利)를 보리라 하는 자들아"(약 4:13).

이 한 절에만 시제를 나타내는 단어가 '오늘', '내일', '일 년' 이렇게 세 번이나 등장한다.

> "내일 일을 너희가 알지 못하는도다 너희 생명이 무엇이뇨 너희
> 는 잠깐 보이다가 없어지는 안개니라"(약 4:14).

여기에서도 '내일'이라는 시제를 나타내는 단어가 등장한다. 야고보
는 16절에서 이렇게 결론을 내린다.

> "이제 너희가 허탄한 자랑을 자랑하니 이러한 자랑은 다 악한
> 것이라"(약 4:16).

여기에 비추어볼 때 야고보가 17절에서 말하는 '선'이 무엇인지 알
수 있다. 야고보가 말하는 '선'은 내일은 하나님의 손에 달렸다는 것을
인정하는 것이다. 또 16절에서 말하는 '악'이 무엇인지도 알 수 있다.
악은 내일이 자신의 손에 달린 것처럼 생각하고 자랑하는 것을 말한다.

따라서 내일이 자신의 손에 달린 것처럼 생각하는 것은 죄이다. 내
일이 자신의 손에 달렸다고 생각할 때에 생기는 결과가 바로 염려이다.
인간은 자신의 능력의 한계를 알기 때문에 자신이 감당하지 못할 일이
생기면 어쩌나 하고 불안해 한다. 그러나 하나님을 완전히 신뢰하고 하
나님의 손에 내일이 달렸다고 믿는 사람은 염려하지 않는다. 그러므로
염려한다면 자신이 그때마다 죄를 짓고 있음을 깨달아야 한다. 염려는

하나님에 대한 신뢰의 결여이고 불신의 표시이다.

그래서 나는 내 마음에 염려가 생길 때마다 이를 거부하기로 결정하였다. 염려는 하나님 아버지에 대한 신뢰의 결여요, 신뢰의 결여는 죄라는 것을 자신에게 거듭거듭 상기시키면서 염려와 싸웠다. 내 속에서 염려가 밀려올 때마다 염려 대신 기도하였다. 이렇게 하자 하루 종일 기도할 때도 있었다. 하루 종일 염려가 몰려왔기 때문이다. 이런 투쟁이 계속되자 점점 염려하는 데서 자유스러워졌고 하나님에 대한 신뢰가 커지게 되었다.

성도들은 믿음의 목회자를 찾는다. 믿음에 관해 많이 듣지만 실제로 그 믿음을 삶에 적용하는 데 어려움을 겪고 있기 때문이다. 그래서 구체적으로 믿음으로 사는 것이 어떤 것인지 보여주는 목회자를 찾는 것이다. 성도는 상대방의 믿음이 진실인지 아닌지를 감지한다. 그러므로 목회자가 믿음에 관한 설교를 한다 해도 목회자가 진정한 믿음을 소유하고 있지 못하다면 성도들은 이미 알고 있다고 보아야 한다. 성도들은 진정한 믿음을 가진 목회자를 신뢰하며 따른다.

성도는 또한 의심이 생길 때마다 자신의 믿음이 부족하기 때문이라고 생각한다. 의심 자체가 죄라고 생각한다. 이때 목회자는 의심이 죄가 아니라는 것을 가르쳐주어야 한다. 의심한다는 사실은 믿음이 없는 것이 아니라 믿음이 있는 증거라고 가르쳐야 한다. 믿음이 없는 사람은 의심조차 하지 않기 때문이다. 의심하는 것 자체가 죄는 아니다. 시험이다. 그러므로 의심을 잘못 처리하면 죄를 지을 수도 있다는 것 또

한 가르쳐야 한다. 그리고 의심을 어떻게 처리하는지 본을 보여야 한다. 성도가 의심 때문에 죄를 짓지 않도록 가르쳐야 한다.

이렇게 하기 위해서는 목회자 자신의 마음에 스며드는 회의를 나누어야 한다. 그리고 그 회의를 어떻게 처리했는지 보여주어 성도가 의심이라는 시험에 들더라도 죄를 짓지 않도록 하는 방법을 가르쳐야 한다.

믿음의 삶을 가르치는 목회자가 되기 위해서는 목회자가 검증된 믿음을 가져야 한다. 피상적인 믿음은 모든 일이 잘 되어갈 때에는 상관없지만 위기 상황에서는 아무런 힘을 발휘할 수 없다. 그래서 하나님께서 목회자에게 시련을 허락하시는지도 모르겠다. 정금처럼 단련된 믿음으로 양떼를 잘 이끌도록 하기 위해서 말이다.

그래서 목회자는 도리어 고난에 감사하는 사람이 되어야 한다.

목회자는 평신도 사역자를 세워야한다.
이들이 보람을 느끼며 사역할 수 있도록 훈련시켜주고,
기회를 만들어 주고, 맡겨주어야 한다.
성도들은 이런 목회자의 사역방침에 헌신하며 따른다.
평신도의 꿈을 이루어주기 위해 담임목사가 돕기 원한다는 것을
아는 성도는 그런 담임목사를 따른다.

4장

성도의 헌신 속마음 :
성도는 평신도를 살리는 목사의 지침에 헌신한다

미쳐도 좋은 사역

인간에게는 목숨까지 바칠 만큼 가치 있는 일을 하고자 하는 욕망이 있다. 「로미오와 줄리엣」이 시대를 초월하여 고전으로 읽히고 또 영화나 연극으로 계속 소개되는 이유 또한 사랑을 위해 목숨을 바치는 주인공을 통해 이런 욕구가 대리 만족되기 때문이 아닐까. 예술을 위해 인생을 불태우는 예술가, 조국을 위해 목숨을 바치는 독립투사, 진리를 탐구하겠다는 일념으로 자기의 모든 것을 던지는 학자들이 아름다워 보이는 것도 우리 속에 잠재해 있는 무엇인가에 미쳐보고 싶은 욕구를 그들이 충족시켜주기 때문이다.

그러나 우리는 이런 욕구를 대부분 잘못된 방법으로 채우고 있다. 연애에 미치고, 스포츠에 미치고, 컴퓨터에 미치고, 노름에 미친다. 잘못된 대상을 통해 이 욕구를 채워보려고 한다. 사랑이, 진리가, 조국이, 자신의 모든 정열을 불태워가며 미쳐볼 만한 가치 있는 일인가? 그렇지 않다. 미쳐서는 안 될 대상에 미치면 부작용이 생긴다. 파괴를 가져온다. 그러나 미쳐도 좋을 만한 대상이 딱 하나 있다. 그분은 하나님이시다.

목회자는 하나님에게 미친 사람이다. 그렇기 때문에 경제적인 어려움과 인간적인 갈등과 역경이 닥쳐와도 이를 극복할 수 있다. 목숨을 바쳐 일할 만한 가치 있는 대상을 이미 발견했기 때문이다.

목회자가 간과하기 쉬운 것은 성도들도 이와 같은 욕구를 갖고 있다는 점이다. 많은 교회에서 이런 욕구를 충족시켜주지 못하고 있다. 평신도를 목회자의 사역을 돕는 보조원 정도로 여긴다. 그러므로 사역을 주기는 주되 목숨 바쳐 일할 만한 의미 있는 사역은 주지 않는 것이다.

많은 목회자들이 생각하는 이상적인 성도란 어떤 사람인가? 보통은 담임목사가 시키는 일이나 하고, 집회에 빠지지 않고, 십일조 꼬박꼬박하는 사람이다. 그래서 평신도가 주도적으로 의견을 개진한다든지 자발적으로 사역하려 하면 오히려 불편해 한다. 그러나 이것은 주님이 원하시는 목회자의 자세가 아니다.

사실 신약성경에는 목사와 평신도의 구별이 거의 없다. 예를 들어서 사도행전에 등장하는 집사를 평신도라고 본다면 이들은 지금의 목사와 똑같은 사역을 했다고 볼 수 있다. 스데반 집사는 설교하다가 순교를 당했고, 빌립 집사는 에티오피아 내시에게 침례를 주었다.

사실 예루살렘 교회에서 스데반과 빌립을 집사로 선출했다고는 하지만 '집사'라는 단어가 직책을 의미하는지 아니면 사역을 의미하는지는 분명하지 않다. 신약성경에 등장하는 장로도 직책을 말하는지 아니면 단어의 뜻대로 교회의 어른이라는 의미인지 분명하지 않다. 이처럼 분별하기 힘든 것은 초대교회가 직책보다는 은사 중심으로 일했기 때문이다.

목사와 평신도를 기계적으로 구분하는 것은 가톨릭의 잔재이다. 종교개혁을 통해 개신교회에서 평신도가 차지하는 위상은 대단히 높아졌다. 하지만 아직도 그 사역을 온전히 되찾은 것은 아니다. 부수적인 사역이 아닌 목숨을 바쳐 섬길 만한 사역은 되찾지 못했다.

성경적인 사역의 분담

그렇다면 성경적으로 목회자의 사역과 평신도의 사역은 어떻게 다른가? 목회자와 평신도 간의 성경적인 사역 분담의 원칙은 에베소서 4장 11, 12절에서 찾을 수 있다.

> "그가 혹은 사도로, 혹은 선지자로, 혹은 복음 전하는 자로, 혹은 목사와 교사로 주셨으니 이는 성도를 온전케 하며 봉사의 일을 하게 하며 그리스도의 몸을 세우려 하심이라"(엡 4:11, 12).

11절에 등장하는 사역자들의 공통점은 말씀 사역을 한다는 것이다. 따라서 지금으로 따지면 정식 신학 교육을 받고 안수받은 목회자라고 말할 수 있다. 목회자는 말씀 사역자이기 때문에 신학 교육을 받아야 한다. 헬라어, 히브리어도 공부하고 신약학, 구약학, 교회 역사, 조직신학 등을 공부하여 말씀을 엉뚱하게 해석하여 복음을 잘못 전하는 일이 없도록 할 필요가 있다. 안수는 교단이나 지역 목사님들이 그의 신앙을 점검하고 복음 사역을 허락해도 가(可)하다고 인정하는 의식이다.

12절에는 주님이 교회에 말씀 사역자를 주신 목적이 열거되어 있다. 세 가지 목적이 있는데 첫째, 성도를 준비시키는 일이며, 둘째, 봉사의 일을 하는 것과 셋째, 그리스도의 몸을 세우는 일이다. 그렇다면 이 세 가지가 다 11절에 나오는 말씀 사역자, 즉 목회자의 일일까? 아니면 일부만이 목회자의 일일까? 많은 목회자들이 이 세 가지가 전부 목회자의 일이라고 생각한다. 그렇게 생각되는 이유는 교회에서 흔히 사용하는 개역성경상 번역의 문제이기도 하다.

12절에 나오는 세 가지 동사는 모두 '하며'로 끝나고 있다. 그러나 대부분의 주석서에는 '성도를 온전케 한다'의 주어는 11절에 등장하는 말씀 사역자이고, '봉사하다'와 '그리스도의 몸을 세운다'의 주어는 '성도'라고 말한다. 즉, 봉사의 일을 하고 그리스도의 몸, 즉 교회를 세우는 일은 성도의 일이라는 것이다. 목회자의 일은 성도들이 이런 일을 감당하도록 온전케, 즉 준비시키는 것이다.

12절 '성도들을 온전케 하며'의 '하며'를 '하여'로 고쳤다면 의미가 정확히 전달되었을 것이다. 표준새번역은 이 구절을 잘 번역해놓았다.

"그것은 성도들을 준비시켜서, 봉사의 일을 하게 하고, 그리스도의 몸을 세우게 하려고 하는 것입니다"(엡 4:12).

성도들을 준비시킨다는 것은 사역을 잘할 수 있도록 훈련시키는 것이다. 목회자의 일은 평신도의 은사를 발견해주고, 은사를 개발하도록 훈련시키고, 은사를 사용할 수 있도록 기회를 주는 것이다.

봉사의 일은 평신도의 몫이다. '봉사'라는 헬라어 단어는 '집사'라는 단어와 어원이 같다. 그래서 영어성경 킹제임스역(King James Version)에서는 이 단어를 'ministry'(목회)라고 번역해놓았다. 목사는 목회를 하는 사람이라고 하여 영어로 'minister'라고 부른다. 그러나 성경에 의하면 'ministry', 즉 목회는 평신도의 사역이다. 또 그리스도의 몸, 즉 교회를 세우는 일도 평신도의 사역이다. 목회자의 사역은 평신도가 이런 사역을 할 수 있도록 돕는 것이다.

평신도 사역의 복권

많은 교회의 목회자들이 탈진 상태에 빠져 있다. 이유는 목회자가 평신도의 사역까지 도맡아 하려 하기 때문이다.

심방을 예로 들어보자. 심방은 가고 오는 시간만 합쳐도 엄청난 시간이 소요되는 사역이다. 규모가 큰 중대형 교회에서 성도들을 고루 심방하자면 전 사역을 심방에 쏟아도 모자랄 것이다. 시간을 절약하기 위해 봄가을로 기간을 정하여 담임목사가 집중적으로 심방하는 교회도 있지만 짧은 시간에 여러 곳을 방문해야 하기 때문에 진지한 대화를 나눈다던가, 삶을 나누는 일은 불가능하다. 담임목사님이 한 번 다녀갔다는 것 외에 별 의미가 없다.

목회자가 심방의 압박감에 시달리다보면 자연히 본연의 사역이 약해질 수밖에 없다. 목회자 본연의 사역이란 무엇인가? 신약성경에는 네 가지가 나와 있다. 앞서 말했듯이 에베소서 4장 12절에 따라 성도들을 온전케 하는 일이다. 사도행전 6장 4절에 따라 말씀을 선포하고 기도하는 일도 목회자의 사역이다. 이 세 가지 외에 목사라는 단어가 암시하듯이 교회를 위하여 리더십을 발휘하는 일이 모두 목회자의 사역이다. 성도들을 온전케 하는 일, 기도하는 일, 말씀 선포하는 일, 리더십을 발휘하는 일, 이 네 가지 외에 모든 것은 전부 평신도의 사역이다.

그렇다면 심방은 누가 해야 할까? 평신도가 한다. 상담은 누가 하나? 평신도가 한다. 개업 축하예배는 누가 드려줄 수 있나? 평신도도 가능하다. 전도는 누가 해야 하나? 평신도도 한다. 선교는 누가 해야 하나? 평신도가 한다. 그렇다고 이런 일을 목회자가 해서는 안 된다는 의미는 아니다. 필요하면 할 수도 있다. 하지만 이런 사역에 매여서 목회자 본연의 사역에 소홀해서는 안 된다. 기도가 약해진다거나 설교 준비가 약해져서는 안 된다.

평신도 사역은 평신도에게 돌려주어야 한다. 주께서 평신도에게 주신 사역을 목회자가 가로채서는 안 된다. 많은 교회에서 평신도의 사역까지 목회자가 빼앗아 하느라 목회자가 본연의 사역에 충실하지 못하고 있다. 평신도 또한 평신도가 누려야 할 교회 사역의 보람과 기쁨을 빼앗기고 있다.

목회자는 평신도의 사역을 되돌려주고 그들을 훈련시켜서 온 정열을 바쳐서 사역할 수 있도록 지원해야 한다. 성도는 그런 목회자를 따른다.

신약교회는 가정교회였다

목회자와 평신도 사이에 성경적인 사역 분담이 이루어지려면 우선 교회 구조가 바뀌어야 한다. 전통적인 교회 구조는 목회자 중심으로 이루어지는 목회이다. 이런 구조 하에서는 목회는 목회자만 할 수 있고 평신도는 그를 돕는 역할만이 가능하다. 성경적인 사역 분담을 원한다면 교회 구조도 성경적으로 바꾸어야 한다. 나는 가정교회가 성경적인 사역 분담을 구체화할 수 있는 이상적인 구조라고 생각한다.

성경을 읽다보면 신약교회에 관해 이런 그림을 그릴 수 있다. 각 도시에는 교회가 여럿 있었던 것이 아니라 하나밖에 없었다. 로마에는 로마교회 하나였지 로마 장로교회, 로마 감리교회, 로마 침례교회가 있었던 것이 아니라는 말이다. 그런데 이 한 개의 교회는 수많은 가정교회로 이루어졌다.

로마서 16장 3절과 5절 상반절을 보면 사도 바울이 브리스가와 아굴라에게 문안하면서 그 집에 모이는 교회에 문안하라고 말한다.

> "너희가 그리스도 예수 안에서 나의 동역자들인 브리스가와 아굴라에게 문안하라 … 또 '저의 교회'(the church that meets at their house)에게도 문안하라."

이것을 볼 때에 브리스가와 아굴라 집에서 교회로 모인 것을 알 수 있다. 이 부부의 집뿐만이 아니라 로마 곳곳의 가정집에서 모이는 가정교회가 있었던 것을 알 수 있다. 로마서 16장에는 '권속'이라는 단어가 몇 번 등장하는데 이 권속이 가정교회의 단위라는 데에 대부분의 성경학자들이 동의하고 있다. 신약교회가 가정교회로 이루어졌다는 것은 이제 정설이다.

브리스가와 아굴라는 무역을 하는 '평신도'였다고 생각된다(성경에는 '평신도'라는 단어가 등장하지 않지만 편리를 위해 교회에서 재정 지원을 받지 않는 사람을 평신도라 부르겠다). 그러니까 가정교회란 브리스가와 아굴라 같은 평신도 지도자가 책임지는 가정에서 모이는 교회를 의미한다.

신약교회가 가정교회로 이루어졌던 것은 그것이 여러 형태 중에서 가장 바람직한 교회의 형태라서 그런 것은 아닐 것이다. 공개적으로 모일 수 있는 장소가 마땅치 않아 가정집에서 모이다보니 자연스럽게 가정교회가 형성되었다고 추측해볼 수 있다. 그러나 로마를 뒤엎은 힘이 가정교회를 통해 나온 것은 틀림없는 사실이다.

기독교가 로마 세계를 정복할 수 있었던 가장 큰 이유 두 가지를 소개해보겠다.

첫째, 그리스도의 능력이다.

그 당시 귀신들린 사람이 많았는데 예수님의 이름으로 귀신을 쫓았을 때에 귀신들이 물러갔다. 지금도 선교지에서는 이런 일이 벌어지고 있다. 선교사들이 예수님의 이름으로 악령과 대결하여 악령을 쫓아내는 일이 일어나는 것이다. 이럴 때에 원주민들은 자신들이 섬기는 신보다 예수님이 더 큰 신임을 인정하고 예수님을 믿게 된다. 악령과 대결하여 악령을 패배시키는 사건이 있은 직후에 예수를 믿는 사람들이 급속하게 늘어났다는 보고는 지금도 종종 들려온다.

둘째, 성도들 간의 사랑이다.

신분을 초월하여 형제자매처럼 사랑하는 그 사랑이 주위 사람들에게 강한 감동을 주고 예수를 믿게 만드는 것이다. 이런 사랑이 어떻게 가능했을까? 가정교회로 가능했다. 그 당시 교회가 지금의 교회처럼 건물 중심이고 의식(儀式) 중심이었다면 로마 제국을 뒤엎을 만한 커다란 능력은 나오지 않았을 것이다.

안타깝게도 콘스탄틴 대제가 기독교를 국교로 선포한 후 기독교에는 전문 사역자와 평신도 간에 구분이 생기고, 교회가 중앙 집권적으로, 건물 중심으로 조직되었다. 그러면서 점점 힘을 잃게 되었다.

구역조직을 가정교회로 바꾸기

1993년 나는 휴스턴 서울교회의 3대 담임목사로 부임하여 전통적인 교회를 신약적인 가정교회로 체제 개편하였다. 가정교회는 인원이 많아지면 분가를 하는데 분가를 거듭한 끝에 23개로 시작한 가정교회의 수가 지금은 약 130개가 되었다.

가정교회는 교회의 부속 조직이 아니다. 전통적인 '교회'의 기능을 다하는 하나의 지역교회이다. 이런 여러 개의 가정교회가 모여서 서울교회를 이루는 것이다. 가정교회 안에서는 지역교회가 하는 모든 사역이 이루어진다. 즉, 예배, 교육, 친교, 전도와 선교가 모두 이루어지는 것이다.

가정교회가 개별적으로 할 수 없는 사역이 있을 때는 서울교회가 협동하여 사역을 진행한다. 예를 들면 개교회가 자체적으로 선교하기에 벅찰 경우 교단에서도 선교부를 만들어 운영하는 것처럼 서울교회에서는 선교 사역원을 운영한다. 개교회가 자체적으로 사역자를 발굴하고 교육시키는 일이 어려울 때 교단 신학교를 운영하는 것처럼 서울교회에서는 주중에 성경공부 코스를 제공한다.

서울교회에서는 가정교회에 소속되어 있지 않은 사람의 교회 등록이 금지되어 있다. 가정교회가 지역교회이고 서울교회는 수많은 가정교회가 합쳐져서 이루어졌기 때문에 가정교회가 없이는 서울교회 또한 존재하지 않기 때문이다.

우리는 가정교회를 책임지는 사람을 '목자'라고 부른다. 목자는 평신도 목사이다. 이들은 매주일 돌아가며 목장 식구들의 집에 모여 예배를 인도한다. 또 평일 심방과 상담, 목장 식구들의 축하예배도 드려준다. 담임목사인 나는 목자들이 이런 일을 잘 수행할 수 있도록 도와주는 역할을 하고 있다.

가정교회에 익숙하지 않다면 지금까지 소개한 우리 교회가 이상한 교회처럼 느껴질지도 모르겠다['가정교회'에 대한 자세한 내용을 보려면 내가 저술한 「가장 오래된 새교회」(2015년 출간)를 참조하라]. 하지만 아마 우리 교회를 처음 방문해본다면 전통적인 교회와 크게 다를 것이 없다고 느낄 것이다. 주일에 교회당에 모여서 예배드리고 수요일에 교회당에 모여서 기도회를 갖는다. 성례식 역시 담임목사의 집례로 주일에 이루어진다. 어린이와 중고등부도 전통교회와 마찬가지로 주일에 모여서 예배드리고 주일학교 교실에서 주일학교로 모인다.

그러나 시간이 지나서 우리 교회를 좀 더 알게 되면 겉모습은 전통적인 교회와 다름이 없어 보이지만 내용 면에서는 많이 다르다는 것을 발견할 것이다. 교회의 존재 목적, 목회자와 평신도의 사역 분담 등 목회 방법이 다르다. 한마디로 목회 철학이 다르다고 할 수 있다.

가정교회도 일종의 소그룹인데 그렇다면 가정교회가 구역이나 순

모임, 다락방과 다른 점은 무엇인가? 가장 큰 차이점은 개념상의 차이이다. 각각의 가정교회는 교회 부속기관이 아니라 한 개의 지역교회이다. 가정교회를 책임지는 목자들은 담임목사의 사역을 돕는 보조원이 아니라 자기 목회를 하는 평신도 목사이다.

사실 구역이나 순, 다락방 등은 교회의 부속기관이기 때문에 교회 사역에 도움은 되지만 없다고 해도 교회가 존재하지 못하는 것은 아니다. 그러나 가정교회는 부속기관이 아니라 한 개의 지역교회이기 때문에 가정교회가 없으면 서울교회는 존재하지 못한다. 그렇기 때문에 목자들은 자신들이 지역교회를 책임지는 '평신도 목사'라는 자부심과 책임감을 가지고 일한다. 그래서 교회생활에서 보람을 느끼며 행복을 맛본다.

담임목회자인 나에게도 유익이 있다. 목양사역의 대부분을 평신도들이 맡아 하니까 나는 목회자로서의 본연의 사역, 즉 성도를 온전케 하는 일, 기도하는 일, 말씀 전하는 일, 리더십을 발휘하는 일에 더욱 집중할 수 있다.

가정교회의 유익

나는 가정교회가 한국 교계의 많은 문제를 해결할 수 있는 가능성을 제시해준다고 말하고 싶다.

첫째, 가정교회는 목회자의 양산을 줄여준다.

한국 교계의 문제 중 하나는 목회지는 한정되어 있는데 신학교 졸업생이 너무 많이 배출된다는 점이다. 신학생이 과다 배출되는 데는 교단 분열이 주요 원인이다. 하지만 좀 더 깊이 들어가보면 교회 사역이 직책 중심으로 이루어지고 있다는 점을 지적할 수 있다.

전통적인 교회에서 목회할 수 있는 사람은 목사나 전도사뿐이다. 그러므로 목회를 하고 싶은 사람은 신학교에 등록하여 전도사라는 직책이라도 받아야만 한다. 평신도라면 목사님이 시키는 일이나 하는 것이 고작이다. 그러므로 목양을 하고 싶은 사람들은 신학교를 가지 않을 수 없다. 그러나 문제는 신학교를 졸업한 후에도 풀타임으로 사역할 수 있는 자리를 마련해줄 수 있는 교회가 없다는 것이다. 그러다보니까 신학교를 졸업한 후 사역지를 찾지 못하는 신학교 졸업생이 허다하게 생겨나는 것이다.

그러나 교회 구조를 가정교회로 전환한다면 목회를 하고 싶다는 이유만으로 신학교에 갈 필요가 없어진다. 가정교회는 지역교회이며 목자는 평신도 목사이기 때문이다. 마음만 먹으면 평신도도 얼마든지 뜻을 펴고 목회 활동을 벌일 수 있다.

목회자 세미나를 개최할 때에는 일부 순서를 목자들의 간증 시간으로 내어준다. 어떤 여성 목자가 간증하며 이런 말을 했다.

"저는 목자가 되기 전에도 전통적인 교회에서 열심히 봉사했습니다. 김치도 담갔고 바자회도 개최했습니다. 그러나 행사가 끝난 후에는 항상 채워지지 않는 공허함을 느꼈습니다. 그러나 가정교회 목자가 되어 영혼을 구원하는 사역을 하니까 이런 공허함이 전부 사라졌습니다."

또 이런 말도 했다.

"전에 다녔던 교회에서는 솔직히 담임목사님께 불만이 많았습니다. '왜 이런 식으로 목회를 하시나? 왜 이런 식으로 해주지 않으시나?' 그러나 이제는 그런 불만이 사라졌습니다. 목사님이 해주기 바랐던 사역을 제가 하면 되니까 말입니다."

둘째, 가정교회를 통해 진정한 교회 개척이 가능해진다.

한국에서 교회를 개척하려면 수억 원의 돈이 필요하다. 전세든 월세든 일단 예배 처소를 마련해야 교회를 시작할 수 있기 때문이다. 이렇게 돈을 들여서 교회를 시작하니까 재정적인 압박감을 느끼게 된다. 경제적인 여유가 있어서 자기 돈으로 교회를 시작하는 경우는 드물다. 어디에선가 돈을 꾸어서 시작하는 것이 대부분이다. 그러다보니 어떻게든 신자가 한 사람이라도 와주면 고맙다. 헌금을 해주기 때문이다. 그러나 불신자가 예수를 믿고 십일조라도 할 수 있는 단계에 이르기까지는 시간이 오래 걸린다. 반대로 예배에 꼭 참석하고 십일조를 바치는 믿음의 가정이 한 가정이라도 나오면 즉시 재정에 도움이 된다. 따라서 불신자 전도보다 기존의 신자들을 교회로 끌어오는 데 집중하게 된다.

그러나 교회에서 신앙생활을 오래 하신 분들이 개척교회에 나올 때에는 나름대로 필요가 있기 때문이다. 이 교회 저 교회 전전하다가 갈 곳이 없어졌다든지, 아니면 자신의 목회관을 실현해줄 목회자를 찾아오는 식이다. 이런 동기를 가지고 개척교회에 나온 신자는 담임목사의 결정이 마음에 들지 않는다든지 자신의 의견이 반영되지 않는다고 느끼면 미련 없이 교회를 떠나버린다. 교회를 떠날 때에도 그냥 떠나는 것이 아니다. 쓴 뿌리를 남기고 떠난다. 이 교회에서 신앙생활을 하게 된 분들의 믿음까지 뒤흔들어놓고 떠난다.

경제적인 어려움, 기성 성도들에 의한 어려움 등이 반복되면서 상태가 극한 상황에 이르면 개척하신 목사님은 다른 분에게 교회를 넘겨주지 않을 수 없게 되기도 한다. 그러나 그 목회자가 어딘가로 가서 다시 목회를 시작하려면 또 돈이 필요하다. 그래서 처음 교회를 시작하면서 들어간 액수만큼의 돈이라도 되돌려줄 것을 요구했다가 이 사실이 알려지면서 '교회를 사고파는 삯꾼 목사'라는 소리까지 듣게 되는 것이다.

하지만 가정교회는 다르다. 가정교회로 개척하면 금전적인 압박감이 훨씬 줄어든다. 처음부터 많은 사람들이 모여서 예배드릴 처소를 따로 구할 필요가 없기 때문이다. 일단 목회자의 집이나 평신도 동역자의 집에서 모이면 된다. 전도에 집중하여 인원이 늘어나면 분가를 시켜서 따로 모이도록 한다. 그러다가 가정교회가 대여섯 개로 늘어날 경우 그때 가서 주일예배 처소를 구하면 된다. 이때에는 이미 교인이 상당수 되기 때문에 담임목사 혼자 빚을 내어서 장소를 구입할 필요가 없어진다. 성도들이 힘을 합쳐서 구할 수 있다. 성도들은 목회자의 전도로 예수님을 믿게 된 사람들이기 때문에 교회에 충성심도 남다르고 교회를 위해 희생할 각오도 되어있다. 따라서 기쁜 마음으로 헌금할 것이다.

이런 식으로 교회를 개척하려면 급속한 교회 성장의 꿈을 버려야 한다. 믿는 사람들이 올 것을 기대하지 말고 오직 불신자 전도에 집중해야 한다. 교회생활을 오래 해온 사람들은 주일에 정해진 건물에서 모이지 않으면 이를 교회라고 인정하지 않을 뿐만 아니라 오지 않기 때문이다. 그러나 가정교회를 통해 불신자 전도에 집중할 경우, 이들은 전통적인 교회에 대한 고정관념이 없기 때문에 교회 건물에 대한 필요를 기존의 신자처럼 느끼지는 않을 것이다.

가정교회로 개척하기 위해서는 교회가 어느 정도 성장할 때까지 목회자나 사모가 일을 해서 생계문제를 해결해야 한다는 난점이 있다. 그러나 생업을 가지고 목회할 때 얻어지는 장점도 있다. 생활비를 헌금에 의존할 필요가 없기 때문에 헌금이 얼마나 들어오든지 초연할 수 있고 평신도의 생활도 이해하게 된다. 또 교회를 급성장시켜야 한다는 부담으로부터 자유로워질 수 있다.

평신도 사역자를 위한 올바른 동기 부여

가정교회를 하든지 전통적인 목회를 하든지 간에 평신도를 살리자면 그들에게 본연의 사역을 돌려주어야 한다. 평신도에게 목양을 맡기는 것을 마치 선심 쓰는 것같이 생각하는 목회자도 있는데 사실은 사역을 맡기는 것이 아니라 돌려주는 것이라는 점을 분명히 해야 한다. 에베소서 4장 11, 12절 말씀처럼 목양은 원래 평신도의 사역이다.

> "그가 혹은 사도로, 혹은 선지자로, 혹은 복음 전하는 자로, 혹은 목사와 교사로 주셨으니 이는 성도를 온전케 하며 봉사의 일을 하게 하며 그리스도의 몸을 세우려 하심이라."

평신도의 권리이다. 목회자가 평신도에게 목양 사역을 맡길 때에는 사역을 나눠주는 것이 아니라 돌려주는 것이다. 이처럼 사역 분담이 성경적으로 이루어져야 주님이 꿈꾸셨던 건강한 교회가 세워질 수 있다.

나는 41세에 신학교에 들어갔고 44세에 목사 안수를 받았다. 목사가 되기 전에 이미 평신도로서 오랫동안 사역해왔다. 그렇기 때문에 어떻게 하면 평신도들이 보람을 느끼며 사역할 수 있도록 도울 수 있는지 체험적인 지식을 가지고 있다.

나는 아주 편하게 목회한다. 평신도 시절에 목회자들이 이러지 말아주셨으면 했던 것을 하지 않고, 평신도 시절에 목회자들이 이렇게 해주었으면 했던 것을 하니까 목회가 저절로 되었다. 내 경험에 비추어 평신도들에게 올바르게 동기 부여하는 요소를 몇 가지 소개해보겠다.

첫째, 사역권을 존중해준다.

자발적으로 일하는 유능한 평신도 사역자를 키우기 원한다면 되도록 재량권을 많이 허용해야 한다. 그런데 대부분의 목회자들이 이것을 허용하지 않고 목사가 지시하는 것만 좇기를 바란다. 하지만 이렇게 할 경우 평신도의 잠재력을 활용할 수 없게 된다.

목회자가 모든 분야에서 전문가가 되어야 하는 시대는 지나갔다. 옛날에는 목회자가 모든 정보의 진원지였지만 정보화시대의 시작과 더불어 이제 그 역할은 끝이 났다. 사회가 점차 전문화되면서 한 사람이 모든 분야에서 전문가가 될 수는 없게 되었다. 목사는 신앙생활의 전문가이다. 이 점에 집중하고 다른 분야는 평신도 전문가에게 넘겨야 한다. 어떤 목사님은 음향, 조명, 건축에까지 일가견이 있어 여러 가지를 조언하는데 그렇게 하면 유능한 평신도 일꾼을 키울 수가 없다.

평신도에게 일을 맡겼으면 재량권도 주어야 한다. 대개 유능한 사람들은 목표를 설정해주고 난 뒤 거기까지 가는 과정을 자신에게 맡겨주어야 일을 더 잘 한다. 이런 성향은 여성보다 남성에게 더 강하다. 여성들은 지시하는 리더십에 큰 불만 없이 따라오지만 남성들은 대개 그렇지 않다. 믿고 맡겨주어야 일을 더 잘 한다. 그러므로 남성, 특별히 유능한 남성 사역자들을 육성하려면 재량권을 더 많이 주어야 한다.

우리 교회에서는 목자에게 재량권을 많이 준다. 어떤 목회자들은 철저한 훈련으로부터 시작하여 철저한 보고 시스템으로 평신도 사역을 관리하는데, 이렇게 하는 것이 오히려 부정적인 결과를 초래할 수 있다. 평신도들에게 자신이 목회의 주체라는 것을 인식하지 못하게 만들 수 있기 때문이다.

한 교회가 체제를 가정교회로 전환하고 힘차게 출범하였다. 그러나 얼마 후 목자들이 몹시 힘들어 하면서 목장 사역도 정체 상태에 빠지게 되었다. 상담을 해본 결과 그 요인이 목사님과 사모님에게 있다는 것을 발견했다. 목사님 내외는 가정교회를 세우고 목자를 임명한 다음에도 예전과 다름없이 교인을 심방했고, 교인들도 문제가 생길 경우 목자보다 목사님을 먼저 찾았기 때문이다. 그러다보니 목자는 목장 식구가 자신이 돌보아야 할 양이라고 인식하지 못하게 되었다. 시스템은 바꾸어놓았지만 목회자 중심의 전통적인 목회 방법을 고수하다보니 이것도 저것도 아닌 어려운 상황에 처하여 가정교회가 지지부진하게 된 것이다.

나는 성도가 개인적으로 심방을 부탁해오면 거절한다. 그러나 목자가 부탁하면 간다. 갈 때에도 가능하면 목자와 같이 간다(요즘은 심방을 전혀 안 한다. 교회가 커져서 시간이 없는 탓도 있고 또 목자들이 나의 도움이 없더라도 심방을 잘하기 때문이다).

성도가 개인적으로 상담을 요청해와도 거절한다. 이 경우에도 목자가 성도를 위하여 부탁하면 응한다. 그러나 이렇게 상담할 때에도 가능하면 목자가 동석할 것을 요구한다. 그 성도를 지속적으로 돌보아줄 사람은 목자이기 때문이다. 이처럼 냉혹할 정도로 성도들의 요청을 거절하는 것은 목자의 목양권을 존중해주기 위해서다. 목자에게는 목장 식구가 자신의 양이라는 메시지를 전달하고, 성도에게는 목자가 자신을 돌보아줄 사람이라는 메시지를 전하기 위해서다. 목사가 심방이나 상담을 하지 않으면 성도들이 떠나지 않겠느냐고 염려하시는 분들이 있다. 그러나 우리 교회에서는 이미 그 점이 큰 문제가 되지 않는다.

우리 교회에서는 기신자의 등록을 막고 불신자 전도에 집중하고 있다. 이런 의지를 표명하기 위해 주보에 아예 이런 권면을 명시해놓았다.

"예수님을 이미 영접하여 구원의 확신을 갖고 계신 방문자들께서는 연약한 교회에 가서 돕고 섬기실 것을 권합니다."

그래서 우리 교회 성도들은 대부분 우리 교회를 통해 예수를 믿게 된 분들이다. 전통적인 교회 경험이 없기 때문에 담임목사의 심방도 기대하지 않는다. 목자를 자신을 돌보아줄 사람으로 알며 담임목사는 주일에 설교나 하는 사람으로 생각한다. 그러니까 담임목사가 심방 오지 않았다고 교회를 떠날 사람은 없다.

담임목사가 심방 오지 않는다고 교회를 떠나는 사람들은 이미 교회 생활을 오래 해본 사람들이다. 그런 분들이 교회를 떠나겠다고 하면 우리는 붙잡지 않는다. 가정교회를 하는 교회에서 불편을 감수하는 것보다 전통적인 교회로 가서 신앙생활 하는 것이 본인에게도 좋다고 생각되기 때문이다.

목회자는 평신도 사역자를 세워야 한다. 이들이 보람을 느끼며 사역할 수 있도록 훈련시켜주고, 기회를 만들어주고, 맡겨주어야 한다. 성도들은 이런 목회자의 사역 방침에 헌신하며 따른다. 우리 교회의 평신도 사역자들이 천국에 갔을 때 나보다 더 많은 상을 받도록 해주고 싶다는 것이 내 사역의 목표이다. 나는 이 사역 목표를 성도들 앞에서 공개적으로 말한다.

자기 목회의 꿈을 이루기 위해 평신도를 이용하는 것이 아니라 평신도의 꿈을 이루어주기 위해 담임목사가 돕기 원한다는 것을 아는 성도는 그런 담임목사를 따른다.

둘째, 실습과 실수를 통해 배우도록 한다.

강하고 성숙한 사역자를 키우기 위해서는 실수할 수 있는 여유도 주어야 한다. 많은 교회에서 평신도 사역자를 키울 때는 철저히 훈련시켜서 세우려 한다. 훈련은 보통 성경공부로 이루어진다. 그러나 철저히 훈련시키더라도 사역을 잘하리라는 보장은 없다.

목회자들은 신학교를 졸업하고 목회를 시작하면서 신학교에서 배운 것이 목회에 그다지 큰 도움이 되지 않는다는 사실을 발견한다. 목회는 결국 현장목회에서 배우는 것이라는 사실을 절감한다. 마찬가지로 평신도 사역자들도 현장에서 배우는 것이 최고이다. 나는 태권도 초단까지 했다. 몇 명이 함께 개인지도를 받았는데 동작은 철저히 배웠지만 겨루기에 약했다. 승단심사에서도 간신히 턱걸이했다. 아무리 동작을 열심히 연습해도 소용이 없었다. 태권도 실력이 붙자면 실제로 겨루기를 많이 해보아야 하기 때문이다.

목회도 마찬가지이다. 평신도들이 현장에서 사역을 배울 수 있도록 하기 위해서는 담임목회자가 사역을 위임할 뿐만 아니라 실수를 두려워하지 않는 넉넉한 분위기를 만들어주어야 한다. 작은 실수는 웃고 넘어갈 수 있는 여유 있는 마음을 먼저 품어야 한다. 인간은 실수를 통해 배우는 존재이다. 이렇게 하려면 교회를 무슨 회사나 군대조직처럼 만들어서는 안 된다. 교회는 사명 공동체인 동시에 치유 공동체이다. 실력이 모자라도, 실수를 해도, 너무 기죽지 않는 분위기가 조성되어야 한다.

가정교회처럼 평신도에게 목양을 맡기는 경우에는 이런 여유가 더욱 더 필요하다. 목자들이 실수하지 않도록 돕는다는 의도로 하나둘 사역에 관여하기 시작하면 오히려 간섭이 되는 경우가 있다. 평신도 사역자들이 자기가 하는 사역에 주체성을 느끼도록 하기 위해서는 가능하면 사역에 끼어들지 않도록 해야 한다.

나는 사역에 지쳐서 탈진 상태에 이른 목자 본인이 와서 도움을 요청하기 전까지는 기도로 지켜보는 편이다. 또 이런 위기를 몇 번 극복해야만 뛰어난 목자가 될 수 있다는 것을 알고 있다. 목회자들도 목회를 포기하고 싶을 정도의 갈등을 겪고 난 후 쓸 만한 목회자가 될 수 있지 않을까? 평신도 사역자들 역시 예외가 아니다.

우리 교회의 경우 사역이 힘들어서 한 번쯤 이사 갈 생각도 해보았다고 농담처럼 말하는 목자들이 부지기수이다. 그렇다. 사역이 힘들고 열매가 없을 때는 죽을 지경이다. 그렇다고 목자 사역을 포기하기에는 체면이 안 선다. 뻔한 지역에서 교회를 옮기는 것도 남 보기에 부끄럽다. 결국 목자 직을 면하기 위해 타지로 이사하는 수까지 생각해보게 된다는 것이다. 그러나 실제로 그렇게 이사한 사람은 10여 년 동안 한 사람밖에 없었고 이 사람 역시 얼마 후 다시 돌아와 목장 사역을 의욕적으로 수행했다. 우리는 이런 갈등 끝에 성숙한 일꾼이 되는 예를 종종 보게 된다.

탈진한 목자를 돕는 법

평신도 사역자에게 실수할 여유를 주고 스스로 역경을 극복하도록 기다린다고 해서 목자들을 방치해두는 것은 아니다. 다음의 원칙은 가정교회 목자들이 탈진하지 않도록 돕는 방안이지만, 가정교회의 목자가 아니더라도 평신도 사역자를 돕는 데 모두 적용될 수 있다고 생각한다.

첫째, 목장이 부흥하지 않는다고 해도 위기감을 느끼지 않도록 해준다.

나는 나 자신부터 그런 위기감을 갖지 않으려고 노력한다. 물론 목자들도 안심시켜서 위기감을 갖지 않도록 하고 있다. 모든 사역이 다 그렇듯이 목장 사역에도 사이클이 있다. 부흥할 때가 있으면 침체될 때가 있다. 목장이 부흥하지 못할 때에 지나친 위기감을 느끼거나 염려하게 되면 이것이 오히려 사역을 방해할 수 있다. 여유 있는 마음을 갖도록 신경을 써야 한다.

둘째, 목자들을 위해 기도한다.

목자들에게 목양을 맡겼으면 목회자는 그들을 위해 특별히 기도에 힘써야 한다. 담임목회자의 가장 중요한 사역은 목자들을 위해 기도하는 사역이다. 나는 일주일에 한 번 이상 목자 한 사람 한 사람의 이름을 불러가며 구체적으로 기도한다. 목자의 수가 130명에 이르다보니 이렇게 기도하는 시간도 만만치 않다. 그러나 담임목회자가 마땅히 해야 할 사역으로 알고 기쁨으로 기도한다. 특별히 어려움을 겪는 목자가 생기면 그를 위해서는 매일 새벽기도 시간을 할애하여 기도하고 있다.

셋째, 많이 격려한다.

목자들은 담임목사에게 매주일 사역을 기록한 목자 일지를 제출하게 되어 있다. 목자 일지에는 목장 모임 시간과 장소, 참석자 명단, 목장 식구들의 근황 등을 적게 되어 있다. 이것을 읽고 코멘트를 달아 돌려주는데 이때 되도록 칭찬과 감사의 말을 많이 적는다. 이것이 큰 힘이 된다고 말씀하는 목자들이 많다.

한번은 이런 일이 있었다. 목장 식구가 한국으로 귀국하고 타지로 이주하여 목자 내외만 남게 된 목장이 생겼다. 새로 전도해서 목장 식구로 삼을 만한 사람도 눈에 띄지 않고, 목자 입장에서 얼마나 속이 탔을까? 그런데 이 목자 내외는 신실하게도 반드시 목장 모임을 가졌다. 이때 목자 일지를 보면 참석자 인원이 대부분 2명으로 적혀 있다. 내외 둘이서 목장 모임을 가졌다는 뜻이다. 그러다가 어느 때에는 참석 인원이 1명이라고 적혀 있기도 했는데 그것은 타지에 사는 목녀(목자의 부인)의 딸이 아기를 낳아 산후조리를 해주기 위해 출타했기 때문이었다.

이때에도 나는 목장이 부흥하지 못하는 것을 나무라는 대신 목자 일지에 격려의 말을 많이 적어주었다. 인원이 없지만 부부가 충실하게 모이는 것을 칭찬했다. 내가 기도하고 있다는 사실도 알렸다. 앞으로 잘 될 것 같다는 예감을 적기도 했다. 결국 이 목장은 부흥해서 분가까지 하게 되었다. 목장이 정상적인 궤도에 올라선 다음 이 목자는 이런 나의 격려가 그간의 어려움을 극복하는 데 큰 도움이 되었다고 말해주었다.

넷째, 고마운 마음을 표시한다.

사실 어떤 의미에서는 평신도 사역자가 목회자보다 더 힘든 사역을 하고 있다. 목회자는 교회 사역 하나만 하면 되지만 평신도들은 교회 사역과 직장 일을 동시에 병행해야 하기 때문이다. 세상 가운데서 사람들과 부대끼다가 교회에 와서 교회 사역에 마음을 집중한다는 것은 매우 힘든 일이다. 목회자들의 교회 사역도 물론 쉬운 것은 아니다. 그러나 그 경우 서로 갈등을 빚더라도 신자이기 때문에 상대를 세상사람 대하듯 하지는 않다. 평신도 사역자들이 사역할 때 겪게 되는 고충을 충분히 이해한다면 평신도 사역자에게 감사하며 그 마음을 구체적으로 표현해야 한다.

다섯째, 은혜로운 예배를 준비한다.

목자들이 이구동성으로 하는 말이 있다. 자신이 탈진하지 않고 사역할 수 있는 것은 주일예배를 통해 새롭게 충전을 받기 때문이라는 것이다. 평신도 사역자들이 전통적인 교회에서 목회자가 맡아 하던 목양부분의 사역을 맡았기 때문에 목회자는 말씀 준비에 더욱 집중할 수 있다. 목회자는 평신도 사역자를 살리는 길은 오직 주일예배를 통해서라는 비장한 각오로 말씀을 준비해야 한다. 주일예배가 하나님의 은혜를 체험하는 예배가 되도록 끊임없는 기도로 준비한다.

섬기는 리더십

성도들이 존중하고 따라주는 목회자가 되기 위해서는 리더십이 성경적으로 바뀌어야 한다. 성경에서 강조하는 리더십은 섬기는 리더십이다. 예수께서는 당신이 세상에 온 것은 섬김을 받으려 함이 아니라 섬기려 함이라고 말씀하셨다(마 20:28). 또 누구든지 으뜸이 되고자 하는 자는 모든 사람의 종이 되어야 한다고 말씀하셨다(마 20:27). 사도 베드로도 지도자들에게 지배하려 하지 말고 본이 되라고 말했다(벧전 5:3).

그런데 지금 교회 안을 들여다보면 섬기는 리더십보다는 주장하는 리더십이 더 성행한다. 목회자들은 마치 기업의 CEO처럼 처신하고 있다. 큰 교회에서는 담임목사가 외출할 때에 부목사를 비롯한 사역자가 문간에 한 줄로 도열하여서 고개를 숙이며 인사한다고 한다. 어른을 공경하는 아름다운 우리 문화의 표현이겠지만 이 이야기를 듣고 조폭 영화에서 두목이 드나들 때마다 부하들이 도열하여 절하는 모습이 떠오르는 것이 비단 나만의 상상은 아닐 것이다.

전통적인 교회에서는 목회자들뿐만 아니라 장로나 안수집사까지 주장하거나 다스리는 리더십에 익숙하다. 전통적인 교회에서 가정교회로 전환하고자 할 때에 가장 큰 저항을 나타내는 분들이 대개 이런 지도자급이다. 목자가 되면 목장 식구들을 섬겨야 하는데 다스리는 리더십을 섬기는 리더십으로 전환할 자세가 되어 있지 않기 때문이다.

다스리는 리더십이 관행이 되다보니 많은 교회에서 교회 직분을 사회 계급처럼 생각하는 경향이 있다. 평신도는 졸병, 집사는 하사관, 장로와 권사는 장교, 목사는 장군 식으로 생각하는 모양이다. 생명력이 있는 교회가 되기 위해서는 이런 계급의식이 온전한 섬김의 자세로 바뀌어야 한다.

우리 교회 장년부에서는 매주일 평균 3명꼴로 침례를 받는다. 예수님을 주님으로 영접하는 사람들이 끊이지 않는 것은 가정교회 덕분이다. 교회에 나오기를 꺼려하는 불신자들도 가정교회에는 참석하기 때문이다.

불신자들에게는 교회에 나온다든가 목사를 만나는 것이 무척 부담스러운 일이다. 그나마 가정교회에 참석하는 것이 덜 부담스러운 모양이다. 성경공부를 하면 성경 지식이 없이는 할 말이 없지만 평신도들끼리 모여 사는 이야기를 서로 나누다보면 흥미롭고, 또 어려운 일이 생기면 목장 식구들이 도와주고 기도도 해주기 때문이다. 그래서 교회 나오는 것을 꺼리는 불신자들도 목장 모임에는 많이 참석하는 편이다. 그러다가 세월이 지나면서 "다들 최 목사, 최 목사 하는데 어떤 사람이지?"라는 호기심이 생겨서 주일예배에도 참석하게 되고, 마침내 주중에 있는 불신자들을 위한 성경공부에도 참석하게 된다. 그러다가 결국 예수님을 주님으로 영접하게 되는 것이다. 이런 사람들 때문에 금요일 목장 모임의 참석 수가 주일예배에 참석하는 성도 수보다 항상 많다.

불신자들이 가정교회 모임에 참석하는 데는 삶을 나눌 기회를 얻는다는 것 말고도 더 큰 이유가 있다. 목자들이 그들을 섬겨주기 때문이다. 목자가 거드름을 피웠다면 불신자들은 절대 오지 않았을 것이다. 이야기를 들어주고, 위해서 기도해주고, 섬겨주기 때문에 불신자들도 목장에 나온다. 그러다보면 자연히 예수도 믿게 된다.

가정교회 덕분에 교회에서도 섬기는 리더십이 잘 정착되고 있다. 가정교회를 통해 섬기는 지도자가 계속 배출되고 있다. 목장 식구가 12명이 넘으면 목장을 분가시켜 내보내게 되는데 새로운 목자는 목장에서 선출하게 되어 있다. 새 지도자를 세울 때는 단연 목장 식구들을 잘 섬길 수 있는 사람을 선출한다. 그렇게 계속해서 섬기는 사람들이 목자가 되고 섬기는 리더십이 형성되어가는 것이다.

안수집사도 목자 중에서 선출되기 때문에 잘 섬겨야 한다. 우리 교회는 침례교회이기 때문에 서리집사도 없고 장로, 권사도 없다. 직분은 목사와 안수집사뿐이다. 타 교단으로 치면 안수집사는 장로에 해당한다. 안수집사 후보는 따로 공천 위원회를 두지 않고 목자들이 직접 추천하도록 하는데 이때에도 목자들은 거드름 피우는 사람은 추천하지 않는다. 다른 사람들보다 더 잘 섬길 수 있는 사람을 계속 추천하다보면 영향력 있는 큰 직분은 당연히 잘 섬기는 인물들로 채워지게 된다.

얼마 전 새로 교회에 나오기 시작한 분이 좀 더 최근에 나오기 시작한 분에게 말하는 소리를 옆에서 우연히 듣게 되었다.

"서울교회에서는 조심해야 해. 이 교회에서는 쓰레기 갖다버리고 물걸레로 바닥 청소하는 사람들이 높은 사람들이야."

물론 이 말을 듣고 나는 너무 자랑스러웠다. 주님이 원하시는 섬기는 리더십이 교회에 정착되었고 새로 오신 분들까지 그 점을 의식하게 되었기 때문이다.

교회 안에서는 섬기는 자가 큰 자이다.

모든 사람의 종이 되는 목사

예수께서는 으뜸이 되고자 하는 자는 모든 사람의 종이 되어야 한다고 말씀하셨다(마 20:27). 그러므로 담임목사는 모든 사람의 종이 되어야 한다. 나는 이 말씀을 가지고 많은 고민을 하였다. 내 삶을 돌아보아도 나 자신이 종처럼 살고 있지 못하다고 느끼기 때문이다. 나는 종이라고 하면 남이 시키는 대로 하는 사람이라고 생각했다. 그러나 담임목사는 지도자이고 리더이다. 남이 시키는 대로 할 수가 없다. 또 성도 수가 많아지면 모든 성도들의 요청을 다 들어줄 수 없다. 종이 되는 것이 주님의 명령이니 얼마든지 종이 될 용의는 있었다. 종이 되는 것 자체가 싫다는 것은 아니다. 성도들이 하자는 대로 다 하면 목회를 할 수 없다는 것이 문제였다.

그러던 중 내가 종의 개념을 잘못 이해하고 있다는 것을 깨달았다. 나는 종이란 단순히 남의 욕구를 채워주는 사람이라고 생각했다. 그러나 성경에서 말하는 종이란 남이 시키는 대로 하는 사람이라기보다 주인의 유익을 위해 존재하는 사람을 가리킨다. 종은 주인의 필요를 위해 존재한다. 종에게는 자신의 필요보다 주인의 필요가 우선한다.

종의 참된 의미를 깨닫고 나서 부족하지만 나도 교회의 종이라고 말할 수 있다는 결론을 내렸다. 왜냐하면 나는 목회자가 된 이래로 항상 교회의 유익을 자신의 유익보다 우선해왔기 때문이다.

서울교회에 부임할 때에도 그랬다. 목회자의 사례비조차 주지 못할 정도로 재정 상태가 어려운 것을 알고 나는 전에 있던 교회에서 받던 것보다 사례비를 적게 받겠다고 하고 부임했다.

어린이 교육에 관해서도 그랬다. 어린이 교육을 제대로 하기 위해서는 어린이 전문 사역자가 장기목회를 해야 한다는 것이 내 생각이다. 오랫동안 안정적으로 목회하기 위해서는 충분한 사례비를 제공해야 한다고 생각했다. 그래서 회계 연도가 새로 시작될 때 나의 사례비 인상분을 과감히 교육을 전담하는 사역자에게 주어서 마침내 7년 만에 사례비가 같아지도록 신경을 썼다.

행여 성도들이 금전 관계로 시험에 들까봐 저술한 책의 인세는 모두 선교비로 입금하였다. 교회를 너무 비운다고 불평하는 사람들이 생길까봐 가정교회에 관한 집회 외에 여타의 집회도 사양하고 있다. 성도들에게 부담이 될까 싶어 자녀의 결혼식 때에도 청첩장을 돌리지 않았다(그런데도 교인들이 많이 참석하여 축하해주었다).

내가 교회에 도움이 되지 못하는데도 담임목사 자리를 고수하려 할 가능성마저 없애기 위해 교회 규약을 개정해서 담임목사 신임투표제를 도입하였다. 7년마다 한 번씩 신임투표를 해서 담임목사가 제 역할을 하지 못한다고 판단될 때에는 평화롭게 떠나도록 할 수 있는 길을 마련한 것이다. 지금이라도 만일 교회에서 나를 필요로 하지 않는다면 나는 언제든지 떠나겠다는 각오로 목회하고 있다.

그러므로 나는 나 자신이 교회의 종임을 자부한다.

목회자는 자신의 삶을 투명하게 내비춰야 한다.
무엇인가 감추고 있는 것 같은 사람, 마음속을 읽을 수 없을 것 같은 사람,
말과 행동이 다른 사람은 신뢰할 수 없다.
목회자와 평신도의 관계도 마찬가지이다. 목회자의 삶이 투명해서
그가 어떤 생각을 하는지, 어떤 삶을 사는지 성도들이 알아야
성도가 목회자를 신뢰하며 충성하게 된다.

5장

성도의 충성 속마음 :
성도는 신뢰할 수 있는 목사의 목회방침에 충성한다

신뢰를 구축하라

미국 기독교인을 대상으로 한 여론조사 결과를 몇 년 전에 본 적이 있다. 거기에 목회자로서 갖추어야 할 가장 중요한 자질이 무엇인가를 묻는 질문이 있었는데 응답 결과는 목회자와 평신도 사이에 많은 차이가 있었다. 목회자는 리더십, 설교 등을 가장 중요하다고 꼽은 반면 평신도는 정직성과 신실성을 가장 중요하게 꼽았다.

그렇다. 평신도들은 신뢰할 만한 목회자를 찾고 있다. 따라서 평신도 사역을 활성화시키려는 생각을 가지고 있는 목회자들은 평신도와 신뢰의 관계를 형성하는 데 더 많은 에너지를 쏟아 부어야 한다. 평신도가 목회자를 신뢰하지 못하는 상황에서 사역을 충성스럽게 감당하리라 볼 수 없기 때문이다.

신뢰는 쌍방향으로 구축되어야 한다. 평신도가 목회자를 신뢰하지 못하면 충성하기 어렵고 목회자가 평신도를 신뢰하지 못하면 마음 놓고 사역을 위임할 수 없다. 그래서 나는 가정교회를 도입하려 하는 목회자들에게 성도들과 신뢰의 관계가 형성되기 전에는 가정교회를 언급조차 하지 말라고 말한다. 목회자와 평신도 사이에 신뢰가 없다면 교회를 갱신하고 평신도에게 목양권을 이양하는 엄청난 사역이 어떻게 이루어질 수 있겠는가?

또한 새로 부임한 목회자들에게도 그곳에서 적어도 10년간 목회할 생각이 없으면 가정교회를 시도하지 말라고 말한다. 10년은 눌러 있어야 가정교회 정착도 가능하다. 더 좋은 교회에서 청빙이 오면 언제든지 떠나겠다는 마음을 먹고 있다면 어떻게 신뢰 관계를 쌓아갈 수 있으며 서로 신뢰하는 마음 없이 어떻게 가정교회를 정착시키겠는가?

얼마 전 한국을 방문을 했을 때 서울 강남에서 가정교회를 하시는 젊은 목사님과 대화를 나눌 기회가 있었다. 이 목사님은 전통적인 교회에 새로 부임하여 그 교회를 가정교회로 전환시키고 백여 명 정도의 교인들과 함께 재미있게 목회하고 있었다. 그런데 소속 교단에서도 알아주는 큰 교회에서 청빙을 받았다. 그 교회는 장년 출석이 천 명이 넘는 교회였다. 3억 원을 들여서 방금 교육관도 완공했다고 한다. 이 목사님은 교육목회에 깊은 관심이 있는 분으로, 청빙을 받아들이기만 한다면 교육 목회의 꿈을 펼칠 수 있는 절호의 찬스가 온 것이다.

그런데 놀랍게도 목사님은 이를 거절했다. 가정교회를 시작하여 사역이 이제 겨우 제 궤도에 오르기 시작했는데 어떻게 이 자리를 떠나겠느냐는 것이다. 물론 가정교회를 이끌어나갈 새로운 분을 후임으로 모실 수도 있다. 하지만 그렇게 하면 가정교회를 하는 목사에게서 배신감을 느끼고 난 후 후임목사가 계속해서 가정교회를 발전시켜나가려고 애를 써도 협조가 제대로 이루어지지 않으리라는 우려에서 그렇게 결정했다고 한다. 그 말을 하는 동안 목사님은 눈물을 글썽거렸다. 그 눈물을 보며 나는 거절하기로 한 결정이 얼마나 어렵게 내려진 결정인지 알 수 있었다. 그러나 이 목사님을 보면서 성도가 신뢰할 수 있는 목사의 표본을 보는 것 같아 한편으로 마음이 흐뭇했다.

그러면 어떻게 해야 평신도의 신뢰를 얻을 수 있을까? 40세까지 평신도로 섬겼던 경험과 20년 가까운 목회자로서의 경험을 바탕으로 구체적인 방안을 소개해보겠다.

첫째, 목표가 분명한 목회를 하라.

목사는 리더(leader)이다. 리더는 교회가 어느 방향으로 가야 하는지 분명히 알고 있어야 한다. 본인이 알고 있을 뿐만 아니라 성도들에게 이 점을 고취시켜야 한다. 성도는 분명한 목적과 목표를 가지고 사역하는 목회자를 따른다.

새들백교회를 담임하는 릭 워렌 목사님의 「The Purpose Driven Church」(「새들백교회 이야기」로 디모데에서 역간되었다 - 저자 주)를 통해 많은 목회자들이 목표 있는 목회에 눈을 뜨기 시작했다. 그러나 안타깝게도 대부분의 교회는 분명한 사역 목표를 가지고 있지 못하다. 교회가 해야 할 일이 무엇이냐고 물으면 목표 대신에 예배, 교육, 전도, 친교 등 활동을 꼽는다. 그러나 교회 사역에는 분명한 목표가 있어야 한다.

목회자뿐만 아니라 성도들도 쉽게 기억할 수 있는 목표가 있어야 한다. 나는 이 목표가 '영혼을 구원하여 제자 만드는 것'이라고 생각한다.

주께서 교회에 주신 지상명령을 기억하라.

> "그러므로 너희는 가서 모든 족속으로 제자를 삼아 아버지와 아들과 성령의 이름으로 침례(세례)를 주고 내가 너희에게 분부한 모든 것을 가르쳐 지키게 하라"(마 28:19, 20상).

여기에는 '가서' '제자를 삼아' '침례(세례)를 주고' '지키도록 가르쳐라'라는 네 가지 동사가 등장한다. 헬라어 원전을 보면 이 네 가지 동사 중 명령형은 딱 하나이고 나머지는 분사이다. 그 명령형 동사가 바로 '제자를 삼아'이다. 마태가 예수께서 하신 말씀을 그대로 옮겨 적었다고 하면 예수께서는 '제자를 만들어라'라고 명령하신 것이다. 그리고 제자를 만드는 방법으로 '가서', '침례(세례)를 주고', '가르쳐라'라고 제시하셨다. 그러므로 지상명령의 핵심은 '가서' '제자 만드는 것', 다시 말하면 '영혼을 구원하여 제자 만드는 것'이다.

나는 이것이 교회의 존재 목표라고 생각한다. 그래서 '영혼을 구원하여 제자 만드는 것'을 교회의 사역 목표로 삼았다. 이렇게 사역의 목표를 성경적으로 정립하고 보니 여러 가지 좋은 점이 있었다. 그중 하나는 교회가 평안해진다는 것이다. 분명한 목표를 세워두면 사역 부서 간의 갈등이 줄어든다. 예산을 세우거나 행사를 계획할 때에도 이 원칙에 비추어보면 우선순위가 뚜렷해지기 때문이다. 우리 교회에서는 가정교회 사역이 가장 중요하다. 그 다음으로 교육 사역을 중요하게 여긴다. 나머지 사역들은 우선순위가 같다.

그래서인지 전통적인 교회에서 중요한 사역으로 꼽히는 찬양대의 사역이 우리 교회에서는 그다지 인정받지 못하고 있다. 영혼 구원에 직접적으로 기여하지 못하기 때문이다. 그래서 찬양대원들 중 목자로 임명되어 두 가지 사역을 병행할 수 없게 될 때는 찬양대 사역을 그만두는 것이 보통이다. 또 주일학교 교사가 필요할 때는 찬양대원을 교사로 차출해갈 수도 있다.

기존의 전통적인 교회에서 찬양대를 이런 식으로 취급했다면 난리가 났을 것이다. 하지만 우리 교회에서는 이 점이 큰 문제가 되지 않았다. 교회의 사역 목표가 분명하다는 이유도 있었지만 영혼 구원의 열정으로 불타는 찬양대 지휘자가 있었기 때문이다. 장암 치료를 받다가 지난 2004년 3월에 세상을 떠난 고(故) 백승호 지휘자는 국립합창단 베이스 장(長)을 역임한 실력자였다. 목자로 임명을 받은 후 그는 영혼 구원의 열정으로 마음이 뜨거워졌다. 교회의 목표를 분명히 자각하고 있던 그는 찬양대도 영혼 구원을 위한 도구가 되도록 노력하였다. 사랑하는 음악 사역이지만 교회의 사역 우선순위에 순종하여 희생을 마다하지 않은 것이다. 주일예배 후에 갖던 찬양대 연습 시간도 수요 기도회 이후로 옮겼다. 주일예배 후에는 불신자와 시간을 보낼 수 있도록 목자 모임 외에는 아무 모임도 갖지 않도록 한다는 교회 원칙에 순종했기 때문이다. 그리고 스스로 앞장서서 영혼 구원 사역에 모범을 보였다. 그 결과 하나님을 모르던 사람, 교회에 반감을 가지고 있던 많은 사람들이 그를 통해 주님을 만났다. 만일 백승호 형제처럼 실력 있고 영향력 있는 사람이 교회 목표에 순종하지 않았더라면 큰 분란이 생길 수도 있었을 것이다. 교회의 시책을 따르기 위해 음악 사역에 대한 꿈을 접고 영혼을 구원하여 제자 만드는 일에 최선을 다한 그에게 충심으로 감사한다.

이런 신실한 평신도 지도자와 10여 년간 같이 일할 수 있었던 것은 내게 큰 축복이었다. 미국의 작은 도시에는 한인(韓人) 교회 수가 많지 않기 때문에 아직도 교회 대항 친선 운동 시합을 갖는다. 운동 시합이 열리면 플래카드도 세우고, 목회자가 나와 기도도 하고, 교인들이 동원되어 응원도 하고, 선수들의 식사 대접도 한다. 그러나 우리 교회에서는 운동선수와 그 가족만이 참가한다. 음식도 선수 소속 목장에서 준비한다. 친선 시합이 영혼을 구원하여 제자 만드는 데 그다지 효과적이지 못하며 사역의 우선순위 또한 낮기 때문이다. 이렇게 해도 그리 큰 불평이 없는 것은 교인 전체가 교회 사역의 우선순위를 잘 알고 있기 때문이다.

내게 자랑스러운 순간이 있었다. 지역 배구 대회가 열렸는데 점심시간이 다 되도록 우리 교회 선수의 음식이 도착하지 않았다. 그래서 우리 교회 선수들이 다른 교회 선수들에게 점심을 얻어먹게 되었다. 그때 그 교회 선수가 말했다.

"교회에서 대표 선수의 식사도 안 챙겨주나?"

그때 믿은 지 얼마 안 된 형제가 이렇게 대답했다.

"우리 교회는 영혼을 구원하여 제자 만드는 교회라 운동 시합에는 그다지 관심이 없어."

이 말을 전해 듣고 얼마나 자랑스러웠던지!

교회는 원칙에 따라 움직여져야 한다. 그러나 이 원칙은 목회자나 지도자만 알고 있어서는 안 되며 전 교인이 알아야 한다. 다른 교회에서 밥을 얻어먹으면서도 교회에 불평하지 않았다는 이 작은 에피소드가 그토록 나를 기쁘게 한 것은 교회의 목표를 신입 교인들조차 분명히 인지하고 있었다는 사실 때문이었다.

어떤 목회자들은 분명한 목회 원칙을 가지고 사역하지만 교인들이 이를 몰라 어려움을 겪기도 한다. 그러므로 담임목사의 목회 원칙은 충분히 홍보되어야 한다. 이를 위해 목회자가 교인들에게 자신의 생각과 목회 방침을 직접 설명할 수 있는 채널은 늘 열려 있어야 한다.

나는 '목회자 코너'라는 칼럼을 매주 주보에 싣고 있다. 오해의 소지가 있을 결정을 내리기 전이라면 이 칼럼을 통해 왜 이런 결정이 필요하고 왜 타당한지 설명한다. 교인들이 교회 시책에 불만이 있다면 그 시책이 왜 필요한지 이 칼럼을 통해 설명하는 것이다. 물론 교회 사역에 관해서만 쓰는 것은 아니다. 내 개인적인 생각이나 느낌을 표현하고 자신을 나타내는 도구로도 활용한다. 교인들이 담임목사를 충분히 알아야 신뢰의 관계가 형성되기 때문이다.

어떤 교회는 주보에 그 교회의 사역 목표를 큼지막한 글자로 대여섯 가지 기재해놓기도 한다. 그러나 이렇게 목표가 많으면 목회자나 지도자라면 몰라도 평신도들은 대체로 기억하기 어렵다. 이럴 경우 구체적인 목표는 지도자들끼리 공유하고, 성도들에게는 기억하기 쉬운 목표 한 가지만 제시하는 것이 좋다. 그리고 이 목표가 교인들의 의식에 각인될 때까지 반복하여 상기시켜야 한다고 생각한다. 우리 교회에서는 일찌감치 '평신도 사역자를 키우는 교회'라는 모토를 정한 뒤 동일한 표어를 지난 십여 년간 주보에 기재하여 이를 상기시키고 있다.

둘째, 원칙에 따라 목회하라.

평신도의 신뢰를 얻으려면 원칙에 따라 목회해야만 한다. 원칙이 원칙이 되기 위해서는 갖추어야 할 조건들이 있다.

첫째, 객관성이 있어야 한다.

목회자가 임의로 정한 원칙이라면 곤란하다. 가능하면 성경적인 원칙이라야 한다.

둘째, 이 원칙을 교인 전체가 이해해야 한다.

목회자가 아무리 원칙에 따라 목회하더라도 성도들이 이것을 모르면 소용이 없다. 원칙에 따라 목회하더라도 임의로 목회한다는 인상을 줄 수 있다.

셋째, 이 원칙은 목회자 자신도 지켜야 한다.

목회자는 지키지 않고 성도에게만 강요한다면 그것은 원칙이라고 할 수 없다.

전통적인 교회에서 소홀히 하는 것은 세 번째이다. 목회자는 자신이 교회의 원칙이나 규칙에서 제외된다고 생각하는 경우가 많다. 그러나 원칙에 따라 움직이는 교회를 만들어 성도들의 신뢰를 얻으려면 목회자 자신부터 교회 원칙을 지켜야 한다. 예를 들어 교회 재정을 지급받으려면 지출결의서를 제출하는 것이 교회 시책이라면 담임목회자도 예외없이 지출결의서를 작성하여 제출해야 한다. 예산을 집행한 뒤 영수증을 첨부하는 것이 교회 시책이라면 목사도 반드시 영수증을 첨부해야 한다.

우리 교회는 어린이까지 다 합쳐서 주일에 천 육백여 명이 예배드리고 있다. 교회가 커지자 어떤 분은 담임목사인 내가 재량껏 쓸 수 있는 별도의 재정이 있다고 생각하는데 그런 것은 분명히 없다. 성도나 목회자를 대접할 때도 나는 내 돈으로 계산한다. 교회 손님으로 오신 분을 대접할 때는 교회 재정으로 지출하며 이때도 반드시 영수증을 첨부하여 청구한다. 작은 것 같지만 이렇게 원칙을 지키며 목회하려는 자세는 교인들에게 신뢰감을 불러일으킨다.

셋째, 편애하지 말라.

교인들의 신뢰를 얻으려면 목회자는 사람을 편애하지 말아야 한다. 편애하는 사람이 생기면 원칙을 지키기가 힘들어진다. 편애에서 오는 부작용을 예방하기 위해서 목회자는 평신도 지도자들과 어느 정도 거리를 두는 것이 좋다. 거리를 둔다는 것은 만나지도 말고 시간을 같이 보내지도 말라는 의미가 아니다. 개인적으로 가깝게 지낼 수 있지만 목회에 관한 한 일정한 거리를 유지하라는 것이다.

나는 안수집사님들과 자유롭고 편하게 지낸다. 식사도 같이 하고 피크닉도 같이 간다. 그러나 개인적으로 만난 자리에서는 되도록 교회 사역을 화제로 이야기하지 않으려고 신경을 쓴다. 나와 개인적으로 가까워졌다고 생각하고 사적인 자리에서 교회 시책에 관해 이야기하다가 내 태도가 눈에 띌 정도로 싸늘해지는 것을 느낀 분도 몇몇 있을 것이다. 나는 개인적인 친분을 빌미로 공적인 사역의 경계선을 넘나드는 것을 허용해서는 안 된다고 생각한다.

편파적인 목회를 하지 않으려면 사모가 교회 일에 관여하는 것을 막아야 한다. 특별히 여성은 하나님께서 따뜻하게 만드셨다. 이것은 장점이지만 단점도 될 수 있다. 관계에 약하기 때문이다. 동정심이 생기면 원칙보다 감정을 앞세우는 경우가 많다. 이 점을 악용하여 사모를 통해 목회에 영향력을 끼쳐보려는 사람도 있다. 이것을 차단하기 위해서라도 사모는 교회 일에 관여하지 않는 것이 좋다.

사모는 은사도 직책도 아니다. 따라서 교회 안에서 사모의 위치는 헌신된 평신도가 가장 적합하다. 헌신된 평신도로서 자신의 사역을 열심히 하되 교회의 전반적인 사역에는 상관하지 말아야 한다. 사모가 교회 사역에 이견을 제시하기 시작하면 목사가 원칙에 따라 목회하기 어려워진다.

나의 아내는 평신도 사역자로서 부부를 위한 성경공부인 '부부의 삶'을 인도하고 있다. 또 가정교회 사역원에서 아파트 두 채를 빌려 가정교회 연수를 원하는 목회자들을 위해 제공하고 있는데 이 연수관을 관리하고 정리하는 사역을 맡고 있다. 이 외에는 교회 사역에 관여하지 않는다. 예를 들어서 "누구누구 집에 심방 갑시다"라는 말도 하지 않는다. "사모에게 부탁하니까 목사님이 심방 오더라"라는 소문이라도 돌면 목회자가 사모와 친한 사람들만 편애한다는 오해를 받을 수 있기 때문이다.

이처럼 편애하지 않으려고 애를 써도 교인들은 여전히 누구를 더 사랑한다고 생각하는 모양이다. 얼마 전 안수집사님들에게 평가서를 돌리고 사역 평가를 받아보았다. 설문 가운데 "최 목사가 개선해야 할 점 두 가지를 적으시오"라는 항목이 있었는데 나는 그 답변을 주의 깊게 살펴보았다.

"누구나 공평하게 대해야 한다."

"아첨과 칭찬을 구별할 수 있어야 한다."

"마음에 맞지 않는 사람과도 더불어 일할 수 있어야 한다."

나는 내 나름대로 최선을 다했지만 어떤 분들에게는 내가 아직까지 편애하는 것처럼 보이는 모양이다. 그러나 편애를 완전히 없애지 못하더라도 편애하지 않도록 최선을 다하는 것이 목회자의 본분이라고 생각한다.

원칙에 따라 목회하려면 교인들 중 누가, 얼마를 헌금하는지 모르는 것이 좋다고 생각한다. 미국의 신학교에서는 교인들이 얼마나 헌금하는지 담임목사가 정확히 파악하고 있어야 한다고 가르친다. 헌금 상태를 보고 영적인 상태를 진단할 수 있기 때문이라는 설명이다. 영적으로 퇴보하고 있다면 헌금에 가장 먼저 이 점이 반영된다는 것이다. 그러므로 어느 성도의 헌금 액수가 줄어들기 시작하면 예의 주시하여 영적으로 어떤 문제가 있는지 발견하고 도와주라고 가르친다.

그러나 나는 처음부터 누가 얼마나 헌금하는지 알지 않기로 결심하였다. 그 이유는 두 가지이다.

첫째, 성도에게 갖는 실망감과 그로 인한 선입관을 배제하기 위해서다.

전에 섬기던 교회에서 이런 일이 있었다. 성경공부도 활발하게 인도하고 회의할 때 발언도 거침없이 하는 한 성도가 있었다. 워낙 특출한 성도라서 나는 당연히 헌금도 많이 할 것으로 기대했다. 그런데 우연히 재무위원과 이야기를 나누는 자리에서 이 사람이 십일조도 제대로 하지 않고 있음을 알게 되었다. 그후 나는 이 사람을 대하는 내 모습이 전과 같지 않다는 사실을 발견했다. 그가 어떤 의견을 내놓더라도 속으로 '십일조도 하지 않는 주제에!'라는 선입관에 사로잡혀 그의 의견을 심각하게 고려하지 않는 나의 모습을 보게 된 것이다. 그 뒤 나는 이런 실망감으로부터 나 자신을 보호하기 위해 누가 얼마나 헌금하는지 알지 않기로 결심했다.

둘째, 어떤 경우에라도 나의 목회 원칙을 굽히지 않기 위해서다.

어떤 분이 헌금을 많이 한다는 사실을 알게 되면 행여 나의 목회 원칙을 굽히게 되지 않을까 하는 우려 때문이었다.

'이분의 비위를 상하면 어쩌나? 이분이 교회를 떠나면 어쩌나?'

나는 이런 두려움 때문에 원칙을 양보하는 일이 발생해서는 안 된다고 생각했다.

나는 지금도 누가 얼마나 헌금하는지 모르고 목회한다. 그러나 재정적으로 어려운 적은 없었다. 헌금을 많이 바치라고 설교해본 적도 없고 헌금이 모자라서 해야 할 사역을 하지 못한 적도 없다. 2003년도에 약 70만 불(약 8억 원)을 선교비로 지출했는데도 재정은 부족하지 않았다. 원칙적인 목회를 하려고 노력하자 성도들로부터 신뢰를 받게 되고 서로 신뢰감이 생기니까 기쁘게 헌금하게 된 것이다.

넷째, 영혼 구원에 초점을 맞춰라.

교인들의 신뢰를 받으려면 영혼 구원에 초점을 맞춰야 한다. 안타까운 현실이지만 많은 평신도들이 목회자의 목회 동기를 신뢰하지 못하고 있다. 교회를 성장시켜서 자신의 목회 야망을 이루어보려는 것은 아닌가 하고 의심하는 성도들이 많다. 이런 분위기에서 평신도들의 신뢰를 얻는 방법은 목회 초점을 교회 성장에 맞추지 않고 영혼 구원에 맞추는 것이다.

사실 목회자들이 목회를 결심하는 중요한 원인이 무엇인가? 바로 영혼을 구원하려는 열정으로 뜨거워졌기 때문이다. 그러나 목회를 하다보면 영혼 구원의 열정은 식어가고 목회의 초점이 영혼 구원에서 교회 성장으로 옮겨가는 것을 흔히 목격한다. 물론 교회 성장을 추구한다고 해서 영혼 구원을 포기할 필요는 없다. 그러나 교회 성장을 추구하여 급성장하는 교회를 보면 교인의 수는 늘어도 불신자 전도는 미미한 경우가 많다.

교인들은 영혼의 구원 없이 교회가 성장할 수 있다는 것을 안다. 목회자 중에는 교회를 성장시켜서 큰 목사라는 인정을 받고 싶어 하는 사람들이 있다. 그러므로 교인들에게 신뢰받는 목회자가 되기 위해서는 교회 성장을 강조하지 말고 영혼 구원을 강조해야 한다. 그렇게 하기 위해서는 목회자 자신이 교회 성장의 압박감에서 벗어나야 한다. 영혼 구원에 목회의 초점을 맞추어야 한다.

나는 서울교회에 부임한 이후 한 번도 교인 수가 몇 명 되게 해달라고 기도해본 적이 없다. 그러나 매년 몇 명이 예수님을 믿게 해달라는 기도는 끊이지 않고 드리고 있다. 성도들도 이런 기도는 개의치 않는다. 이것은 영혼 구원을 사모하는 기도이지 교회 성장을 사모하는 기도가 아니기 때문이다. 서울교회에 부임하기 전, 나는 휴스턴의 한인 인구가 정체되어 있다는 사실을 알았다. 전도 대상자가 별로 없으리라는 말도 들었다. 하지만 나는 기존의 신자들을 관리하는 목회 체질은 못된다. 그래서 부임하기 전부터 하나님께 이런 기도를 드렸다.

"하나님, 서울교회가 영혼을 구원하여 제자 만드는 교회가 되게 해주세요. 일주일에 한 명꼴로 예수 믿고 침례 받는 사람이 있게 도와주세요."

사실 일주일에 한 명꼴이라면 1년에 52명이다. 하나님께서는 나의 이 기도를 들어주셨다. 첫 해부터 매년 52명 이상 예수님을 주님으로 영접하고 침례를 받는 역사가 일어났다. 요즘은 일주일에 한어부(韓語部)에서만 두세 명꼴로 예수님을 주님으로 영접하고 침례를 받는다. 영어부와 중고등부를 합치면 매주 5명꼴로 예수님을 영접하고 침례를 받는 셈이다.

가정교회 사역원에서 주최하는 가정교회 세미나에 참석하신 목사님들은 대부분 가정교회가 성경적이라는 사실에 동의한다. 가정교회를 하고 싶다는 의욕도 내비친다. 그러나 결국 시도하지 못하는 경우가 비일비재하다. 이유는 평신도들에게 목양을 맡겼다가 담임목사를 대적하면 어쩌나 하는 두려움 때문이다. 또 목장 식구들을 데리고 다른 교회로 옮기면 어쩌나 걱정스럽기 때문이다. 이런 두려움에서 해방되는 길 역시 영혼 구원에 초점을 맞추는 것이다. 교회 성장을 위해 일하지 않고 하늘나라의 확장을 위해 일하기로 마음먹는 것이다.

대한민국 인구의 약 20퍼센트가 기독교인이라고 한다. 만약 인구 10만 명 규모의 도시에서 20퍼센트의 기독교인이 전부 천국에 간다면 8만 명은 지옥에 가는 셈이다. 그런데 많은 교회와 목회자들이 지옥 가는 8만 명에게 관심이 없고 천국 가는 2만 명에게만 관심이 있는 것 같다. 2만 명 중 몇 명이 자신의 교회에 나오느냐에 더 관심이 많다. 그래서 2만 명 속에 든 사람들이 이리 모이고 저리 모이면서 교인 수가 늘면 교회가 부흥한다고 기뻐하고 다니던 교회를 떠나 다른 교회로 가면 섭섭하다고 한다.

그러면 하나님은 구원받은 2만 명과 구원받지 못한 8만 명 중 어느 쪽에 더 관심이 있으실까? 2만 명 중에 속한 사람이 어느 교회에 나가는지, 또는 8만 명에 속한 사람들이 지옥에 가는 일, 둘 중 어느 쪽에 더 관심이 있으실까? 교회 성장에 집중하지 않고 영혼 구원에 집중하게 되면 구원받은 2만 명보다 구원받지 못한 8만 명에 더 관심을 둘 것이다. 8만 명의 사람들을 2만 명에 합류시키는 일을 사명으로 삼게 될 것이다.

일단 구원받으면 그 사람이 어느 교회에 나가느냐에 깊은 관심을 갖지 않게 된다. 자신의 교회 교인이 되어도 기쁜 일이고 다른 교회 교인이 되어도 기쁜 일이다. 모든 사람이 구원받기 원하는 하나님의 소원은 이루어졌고, 하늘나라의 관점에서 볼 때에는 이미 천국백성의 수가 늘어났기 때문이다.

나는 이런 마음으로 목회를 해오고 있다. 교회 성장에 관한 한 나는 마음을 비웠다. 이미 믿은 분들을 우리 교회 교인으로 만들려고 하기보다 불신자가 우리 교회에 와서 예수님을 만나고 또 훈련을 통해 사역자로 서도록 하는 것을 목표로 삼았다. 사역자가 된 후 우리 교회에 남아 교회를 섬긴다면 고마운 일이다. 그러나 다른 교회에 가서 섬긴다면 그것도 축하할 일이다. 우리 교회에서 봉사하든 다른 교회에 가서 봉사하든 하늘나라의 관점에서 보면 차이가 없기 때문이다.

나는 교인들이 교회를 떠나는 일에 개의치 않으며 오히려 교인들이 다른 교회에 가서 섬기는 것을 장려한다. 어떤 지역에서 한 교회가 급성장하면 주위에 있는 작은 교회가 죽고 만다. 나는 우리 교회가 이웃 교회를 돕는 교회가 되어야겠다고 생각했다. 그래서 교회를 떠나겠다는 교인이 있으면 붙잡는 법 없이 흔쾌히 축복하며 보낸다. 또 지도자들에게 가정교회를 시도하는 교회가 있으면 우리 교회를 떠나 그 교회 교인이 되어 도울 것을 권장한다.

그렇지만 교인들은 떠나지 않는다. 진정으로 교회생활에 만족하며 행복감을 느끼고 있기 때문이다. 가정교회로 전환한 지난 십여 년 동안, 시작 2년 만에 10여 명이 집단으로 교회를 떠난 일을 빼면 여러 명이 한꺼번에 교회를 떠난 적은 한 번도 없다. 목자 가운데 이 지역의 다른 교회로 교회를 옮긴 예 또한 단 한 명이었다.

교인은 놓으면 안 떠나고 붙잡으려 하면 떠난다. 그러나 진정으로 영혼 구원에 집중한다면 설령 교인들이 떠나가더라도 자유할 수 있다.

다섯째, 이미지를 관리하라.

성도의 신뢰를 얻으려면 목회자는 이미지 관리를 해야 한다. 이 점은 목회자도 공인(公人)이기 때문에 불가피한 일이다. 이미지 관리를 잘못한 목회자 중에는 돈에 관심도 없는데 욕심 많은 목회자인 것 같은 인상을 주는 사람이 있다. 이상한 루머에 휩쓸리는 목회자도 있다.

여기에서 이미지를 관리하라는 것은 가식적으로 행동하라는 의미가 아니다. 자신의 참된 모습이 성도들에게 잘 전달되도록 해서 오해의 여지를 없애라는 뜻이다. 내면뿐만 아니라 외면도 관리하라는 것이다. 알고 보면 굉장히 재미있는 사람인데 평소 너무 근엄한 표정을 지어서 교인들에게 괜한 오해를 받는 목회자도 있다. 이미지 관리를 제대로 하지 않은 결과이다.

교인들은 목회자에게 사심이 없다는 것을 알고 나면 그 목회자를 신뢰한다. 그러나 사심이 있는지 없는지는 목회자 자신이 보여주지 않으면 알 수가 없다. 신실하기만 하면 가만히 있어도 성도들이 알아주리라는 기대와 착각에서 벗어나야 한다. 인간의 본성은 비뚤어졌기 때문에 좋은 쪽으로 생각하기보다 나쁜 쪽으로 생각하기 쉽다. 그러므로 목회자가 영혼 구원 외에는 사심이 없다는 것을 믿도록 하기 위해서는 의도적으로 노력해야 한다. 특별히 새로 부임한 목회자는 자신의 내면을 소개하며 신뢰 관계를 형성하는 데 전력해야 한다.

목회자는 자신의 삶을 투명하게 내비춰야 한다. 무엇인가 감추고 있는 것 같은 사람, 마음속을 읽을 수 없을 것 같은 사람, 말과 행동이 다른 사람은 신뢰할 수 없다. 목회자와 평신도의 관계도 마찬가지이다. 목회자의 삶이 투명해서 그가 어떤 생각을 하는지, 어떤 삶을 사는지 성도들이 알아야 성도가 목회자를 신뢰하며 충성하게 된다.

성도들이 신뢰하는 목회자가 되기 위해 목회자는 두 분야에서 투명성을 확보해야 한다. 하나는 사적인 삶에서의 투명성이며 다른 하나는 목회에서의 투명성이다. 나는 이 점을 실천하기 위해 교회 주보 칼럼을 활용한다. 나는 이 칼럼이 수필이나 또 하나의 설교가 되지 않도록 하면서 내 생각이나 삶을 내비치는 도구가 되도록 노력했다. 처음으로 서울교회에 부임하여 내가 어떤 사람인지 알리는 데 이 칼럼이 큰 역할을 했다. 그후 가정교회로 교회 구조를 전환할 때에도 쓸데없는 오해를 방지하는 데 이 칼럼이 큰 역할을 했다. 가정교회 체제를 싫어해서 여러 가정이 떠날 때에도 나는 이 칼럼을 통해 교인들을 진정시킬 수 있었다. 지금도 교회 시책에 변화가 있거나 새로운 사역을 시도할 때에 성도들에게 그 점을 홍보하기 위해 이 칼럼을 적극 활용하고 있다.

칼럼을 쓰는 목적은 교인들에게 나 자신을 알리는 것이기 때문에 나는 사소한 일이나 시시해 보이는 일에 대해서도 쓴다. 일상 가운데 사람의 진실이 드러난다고 믿기 때문이다. 교인들도 심각한 얘기보다 일상적인 얘기를 더 좋아한다. 처음 부임했을 때는 이야깃거리가 많았는데 10년 넘게 계속 쓰자니 지금은 실제로 소재가 빈곤해졌다. 교인들은 이미 나의 삶을 속속들이 알고 있다. 전에는 자녀들에 관한 이야기를 종종 썼는데 아이들도 이제 다 커서 출가하고 없고, 가정에 대해서도 그다지 할 말이 많지 않다. 그렇지만 나는 나를 드러내 보이기 위해 끊임없이 노력할 것이다. 교인들과 함께 나눌 수 있는 삶의 이야기를 찾으려고 의식적으로 노력할 것이다.

만약 교회에 문제가 생겼다면 그와 관련된 글을 즉시 쓴다. 하지만 당장 싣지는 않는다. 시간이 흐르고 난 뒤 문제의 여파가 다 사라졌다고 생각될 때쯤 비로소 게재한다. 그렇게 하지 않으면 교인들 가운데

공격을 받았다고 느끼는 분들도 생기고 문제가 악화될 수 있기 때문이다.

나는 설교할 때 예화집에 나온 이야기는 잘 사용하지 않는다. 수록된 예화마다 너무 드라마 같아서 신빙성에 의심이 가기 때문이다. 허구를 사실처럼 말하면 성도들의 신뢰를 잃기 쉽다. 잘 알려진 어느 설교자에게 몹시 실망한 적이 있었다. 설교 도중 그 분이 자신에게 일어났던 감동적인 예화를 하나 소개했는데, 그 예화가 내가 얼마 전에 예화집에서 읽었던 예화와 동일했기 때문이다. 물론 목사님이 똑같은 사건을 경험했을 가능성이 전혀 없지는 않다. 그러나 그 가능성은 매우 희박하다. 극적인 효과를 거두기 위해 예화집에서 읽은 이야기를 마치 자신이 경험한 일인 양 말했다고 생각하니 이후로 그 설교자에 대한 신뢰가 떨어져 그 분의 설교에 더 이상 은혜를 받지 못하게 되었다.

나는 설교에서 내 이야기를 많이 한다. 자기 이야기보다 더 좋은 예화의 소재는 없기 때문이다. 그러나 더 큰 이유가 있다. 성도들이 보고 배우도록 하기 위해서다. 성경적인 제자훈련 방법은 보고 배우도록 하는 것이다. 사도 바울은 고린도 교인들에게 자신이 그리스도를 본받는 자가 되려는 것처럼 자신을 본받는 자가 되라고 말했다.

"내가 그리스도를 본받는 자 된 것같이 너희는 나를 본받는 자 되라"(고전 11:1).

바울은 디모데에게 자신이 어떻게 하는지 본 대로 하라고 권면한다.

> "누구든지 네 연소함을 업신여기지 못하게 하고 오직 말과 행실과 사랑과 믿음과 정절에 대하여 믿는 자에게 본이 되어"(딤전 4:12).

사도들이 그랬다면 목회자인 우리도 "나를 본받는 사람이 되라"라고 말할 수 있어야 한다. 그러나 담임목사가 많은 교인들과 함께 생활하며 그의 삶을 보고 배우라고 하는 것은 사실상 불가능하다. 그러므로 설교에서 자신의 삶을 예로 들어서 성도들이 보고 배울 수 있게 해주어야 한다. 자신의 삶이 투명하게 드러나 보이도록 하는 것은 교인들에게 신뢰감을 심어줄 뿐만 아니라 그리스도인으로서 올바르게 사는 법을 가르치는 유익한 도구가 된다.

그렇다고 목회자 자신의 삶이 모범이 될 만큼 완전할 필요는 없다. 사도 바울이 자신을 본받는 사람이 되라고 할 때에는 그가 스스로 자신의 인격이 완전하다고 생각했기 때문이 아니었음을 우리는 잘 안다.

> "내가 이미 얻었다 함도 아니요 온전히 이루었다 함도 아니라 오직 내가 그리스도 예수께 잡힌바 된 그것을 잡으려고 좇아가노라 형제들아 나는 아직 내가 잡은 줄로 여기지 아니하고 오직 한 일 즉 뒤에 있는 것은 잊어버리고 앞에 있는 것을 잡으려고"(빌 3:12,13).

"죄인 중에 내가 괴수니라"(딤전 1:15).

바울이 말하는 것은 자신이 완전하니까 자신을 닮으라는 것이 아니라 완전하신 예수님을 닮으려고 노력하는 점을 본받으라는 것이다.

많은 목회자들이 교인들에게 실망을 줄까봐 자신의 결점과 문제를 가린다. 그러나 현대 교인들은 영리해서 목회자의 결점과 문제를 이미 꿰뚫어보고 있다. 감춘다고 못 보는 것이 아니다. 교인들이 다 보는 결점을 감추려 하고, 교인들이 다 아는 문제를 없는 척하니까 실망스럽고 신뢰하기 어려운 것이다. 오히려 솔직하게 자신을 드러내 보이고 약점을 극복하고 문제를 해결하기 위해 어떻게 노력하는지 보여줄 때 교인들은 그 목회자를 신뢰하게 되어 자신이 가진 문제를 내어놓고 치료받게 된다.

금전, 이성, 명예, 이 세 분야에서는 이미지 관리가 특별히 더 요구된다. 사람들에게는 대부분 돈이 우상이다. 예수를 믿게 되더라도 돈에 대한 관심에서 벗어나는 데는 오랜 시간이 걸린다. 사람들은 돈 문제에 민감하다. 나 역시 이미지 관리를 위해 금전 문제에 특별한 신경을 기울였다.

나는 외부 집회에 대한 사례를 전액 감사헌금으로 바친다(재정이 취약한 교회 목회자들은 이렇게 할 필요가 없다. 경제적으로 어려울 때에는 외부 집회가 필요를 채워주시는 하나님의 방편이 될 수도 있기 때문이다). 바칠 때에는 감사의 제목을 '집회 인도 사례'라고 반드시 써서 바친다. 교회 주보에 감사의 제목이 실리면 이 사실이 교인들에게 정확히 고지되기 때문이다. 책의 인세도 특정 선교헌금으로 바친다. 이때에도 반드시 '저서 인세'라고 밝히고 바친다. 물론 주께서는 구제할 때에 오른손이 하는 것을 왼손이 모르게 하라고 말씀하셨다. 그러나 내게는 교인들에게 신뢰를 얻는 것도 매우 긴요한 일이다.

이성 문제에 있어서도 이미지 관리를 잘하려고 노력한다. 이성과 단둘이서 차에 동승하는 일이 없도록 하며, 단 둘이서 식사하지 않는다. 상담할 때는 반드시 제3자와 동석하며 사무실의 문을 약간 열어놓는 식의 원칙을 지킨다. 여성도들을 못 믿는다거나 쉽게 죄에 빠질 것 같아 그러는 것은 아니다. 혹시 쓸데없는 오해나 루머로 교인들의 신뢰를 잃을까 우려되기 때문이다.

영예, 명예에 관련한 이미지 관리 역시 신경 쓰고 있다. 담임목사가 세상 명예를 추구한다는 인상을 주지 않기 위해 신문에 얼굴이 실리는 일은 가급적 피한다. 돌아가며 맡는 지역 지방회나 협의회 회장직도 동료 목회자들에게는 죄송하지만 계속 사양해오고 있다. 가정교회 사역을 하는 목사로서 성도들의 신뢰가 절대적으로 필요했고 가정교회를 처음 시도하는 사람에게 특별히 자중하는 이미지가 있어야 한다고 느꼈기 때문이다.

가능하면 기도도 교회 본당에 와서 하려고 한다. 하루에 3시간씩 교인들을 위해 기도하는 목사라는 이미지가 교인들에게 큰 힘이 되는 모양이다. 목사님이 교회에서 몇 시간씩 엎드려 열심히 기도하는 모습을 보면 남다른 신뢰가 생긴다고 말하는 분도 있었다. 이것이 거룩한 의미의 이미지 관리이다. 만약 집에서 3시간 기도했다고 하면 교인들이 이처럼 기뻐했을까? 집에서 과연 기도하는지 의심하는 사람도 있을 것이다.

그래서 나는 젊은 목회자들에게 교인들의 신뢰를 얻으려면 가능하면 모든 활동을 교회에 와서 하라고 권한다. 아무리 일을 많이 해도 집에서 하면 교인들은 논다고 생각한다. 교회에 나와 있어야 교회 일을 한다고 인정해준다. 교회 근처를 지나가다가도 담임목사의 차가 교회 주차장에 주차되어 있는 것을 보면 마음이 든든하다고 말하는 성도들도 꽤 있다.

여섯째, 영성 있는 목회자가 돼라.

교인들의 신뢰를 얻기 위해서는 영성이 있어야 한다. 그리스도인은 성령을 받은 사람들이고 교회는 성령 받은 사람들의 공동체이다. 그러므로 교회에서는 초자연적인 성령의 역사가 일어나야 한다. 이런 역사가 나타나도록 주도하는 사람이 담임목사이다. 성도의 궁극적인 신뢰는 담임목사가 하나님이 보낸 사람이라는 확신이 있을 때 생긴다. 이런 신뢰를 얻기 위해 목회자는 다음 두 가지 조건을 절대적으로 갖추어야 한다.

첫째, 성도들이 "담임목사님이 기도하면 응답이 온다"라는 확신을 갖도록 해야 한다.

이렇게 하기 위해 목회자는 지속적으로 기도를 배워야 한다. 나는 기도의 전문가는 못 된다. 금식기도도 5일 이상 하지 못한다. 비록 금식을 오래 하지는 못하지만 나는 내 삶 속에서 금식을 생활화하고 있다. 일주일에 한 번 수요일에는 하루 온 종일 금식한다. 아내의 건강 문제 때문에 시작했는데 이제는 내 생활의 일부가 되었다. 집회에 나가기 전이나 성경공부 개강을 앞두고 하루를 금식하고 있다. 부흥집회를 인도할 때에는 저녁을 금식하면서 인도한다.

금식을 생활화하고 새벽에 약 3시간씩 엎드려 기도하다보니까 기도의 능력이 나타나는 것을 알 수 있었다. 매년 초 성도들 가정의 기도제목을 받아 기도하고 추수감사절 즈음 얼마나 응답받았는지 알아보면 많은 가정에서 기도제목을 거의 다 응답받았다고 말한다.

목회자는 병든 자를 위한 기도도 할 수 있어야 한다. 사도 야고보는 병든 자는 장로를 불러다가 기도를 받으라고 말했다.

"너희 중에 병든 자가 있느냐 저는 교회의 장로들을 청할 것이요 그들은 주의 이름으로 기름을 바르며 위하여 기도할지니라"(약 5:14).

내가 신학교 졸업을 앞두고 딜레마에 빠진 적이 있다. 교회가 그리스도의 몸이라면 교회를 담임하는 목회자는 예수님이 하시던 사역을 지속해야 하는데 나 자신이 그렇지 못하다고 느꼈기 때문이다. 예수님의 사역은 가르침과 설교와 치유로 이루어져 있다. 나는 설교도 하고 가르치기도 했다. 하지만 치유의 능력은 없었다. 그래서 치유를 배우기 위해 책도 읽고 세미나에도 참석하기 시작했다.

이때에 찰스 크라프트가 저술한 「능력 기독교」라는 책이 크게 도움이 되었다. 그때까지 치유의 은사는 특별한 기도를 통해서 단박에 받는다고 생각했다. 하지만 나는 이 책을 통해서 치유의 은사도 가르치는 은사와 마찬가지로 차차 개발해가는 것임을 깨달았다. 보통 치유를 위해 담대히 기도하지 못하는 이유는 기도했다가 치유되지 않으면 어쩌나 하는 두려움 때문이다.

그러나 그때부터 치유해주시는 것은 하나님의 주권적인 역사임을 믿고 병 낫기를 위해 과감히 기도하기 시작했다. 이렇게 믿고 담대히 기도하자 치유되는 예가 점점 더 많이 생기기 시작했다. 감기, 통증 등 가벼운 질환뿐만 아니라 수년간 앓아왔다는 습진이나 축농증도 사라졌다. 이런 영적인 능력이 발휘될 때 성도들은 목회자를 하나님이 보내신 사람으로 생각하여 전폭적으로 신뢰하게 되는 것이다.

둘째, 목회자는 말씀의 능력을 갖추어야 한다.

이때 말씀이란 설교와 성경공부를 뜻한다. 성도들은 주일설교에서 은혜를 받아야 한다. 나는 특별히 설교를 잘하는 사람이 못 된다. 내 설교가 설교학 교수들에게 좋은 점수를 받을 만한 설교는 되지 못한다고 생각한다. 그러나 내 설교는 믿지 않는 사람들이나 새롭게 믿기 시작한 사람들에게 높이 평가받고 있다. 교회를 방문한 사람들에게 인상 깊은 것이 무엇이었는지 물으면 마음에 와닿는 설교를 손꼽는 사람도 많았다.

특별히 나는 설교가 설득이라고 생각한다. 더 나아가 그 설교 말씀이 예언의 말씀이 되기를 소원한다. 많은 목회자들이 설교는 선포라고 생각한다. 설교자의 사명은 단지 말씀을 신실하게 선포하는 것으로 끝이 나며 그 말씀이 어떤 결과를 가져올지는 하나님께 맡겨야 한다고 말한다. 그러나 설교가 선포라고 생각할 때 설교자는 청중들의 필요를 외면하기 쉽다. 그러면 전도도 되지 않을 뿐만 아니라 성도들의 삶도 변하지 않는다. 추수할 곡식을 주시는 분은 하나님이시다. 그러나 그렇다고 해서 농부가 땅도 갈지 않고, 계절도 고려하지 않고, 맨 땅에 씨를 뿌려놓은 다음 추수를 기다린다면 이처럼 어리석은 일이 없을 것이다. 그런데 이런 식으로 설교하는 분들이 의외로 많다.

하지만 설교를 설득이라고 생각하면 열매가 있다. 이 설교자는 대상에 따라 그들의 필요를 염두에 둔 설교를 한다. 설득하기 위해서는 청중에 대해 알아야 한다. 그렇기 때문에 나는 내가 설교하는 대상의 필요와 사고, 가치관에 관심을 가지며 그 점에 역점을 두고 설교한다. 예수를 믿어보려는 분이나 새로 믿게 된 분들이 나의 설교가 쉽다고 평가해주는 데는 이유가 있다. 그것은 내가 그들의 필요에 민감하고, 그들이 가졌음직한 의문에 답해주려고 노력하고, 그들의 논리를 이해하여 그들이 이해할 수 있을 만한 용어를 사용하여 설교하기 때문이다.

나는 설교 말씀이 예언의 말씀이 되도록 기도하며 준비한다. 예언자는 장래를 점치는 점쟁이가 아니다. 하나님의 대변인이었다. 나는 설교를 준비하면서 반드시 예언의 은사를 간구한다. 본문을 기록한 성경 기자의 의도가 오늘날 우리 교인들에게 합당하게 전달되도록 예언의 은사를 구하는 기도를 드리는 것이다.

특별히 예언적인 설교가 되도록 하기 위해 나는 설교를 준비하면서 20분씩 세 번 기도한다. 먼저 주석을 읽고 본문을 충분히 이해한 후 20분간 기도한다. 이때 본문을 통해 하나님의 음성을 들려주시도록 간구한다. 기도가 끝나면 컴퓨터를 이용하여 설교를 작성하기 시작한다. 성령님의 인도하심을 간구하는 마음으로 설교 원고를 작성한 다음 다시 20분간 기도한다. 이때 이 설교가 교인들에게 합당한 말씀이 되도록 해달라고 간구한다. 기도하는 가운데 설교 대지의 순서를 바꾸어야겠다는 생각이 들 때도 있고 생각하지 못했던 예화가 생각나 첨가하기도 한다. 이렇게 준비된 설교로 몇 번씩 연습한다. 마지막으로 주일 아침 새벽에 예배당에 나와 다시 20분간 기도한다. 이때 나는 오늘의 설교가 능력 있는 설교가 되게 해달라고 간구한다.

나는 타고난 설교자는 아니다. 하지만 예언의 은사를 간구하며 설교를 준비하기 때문에 하나님께서 설교에 열매를 주시고 성도들에게 은혜를 끼칠 수 있도록 하신다고 믿는다.

영성을 연마하여 신뢰받는 목회자가 되기 위해서는 불신자들에게 복음을 확실히 전달할 수 있도록 성경공부를 인도할 수 있어야 한다. 우리 교회에서는 불신자들을 위해 초교파용 새신자 훈련 총서를 이용한 13주 코스의 성경공부를 마련했다. 이 성경공부를 통해 많은 사람들이 예수님을 영접하고 있다. 믿을 수 없을 것만 같던 사람들이 믿고, 변할 수 없을 것 같던 사람들이 변화하는 모습을 보면서 성도들은 담임목사에 대한 신뢰를 쌓아간다. 또한 하나님이 함께하지 않으시면 이런 변화가 있을 수 없다고 믿기 때문에 담임목사가 하나님의 사람이라는 것을 한층 더 확신하게 되어 충성한다.

목회 리더십의 시작은 하나님을 향한 절대 순종이다.
목회자 자신이 하나님께 순종하지 않으면 교인들은
목회자에게 순종하지 않는다. 이런 목회자는 리더십을
제대로 행사할 수 없으며 교회는 화평을 누리지 못하게 된다.
하나님에 대한 순종 없이도 리더십을 개발할 수 있다.
하지만 그런 리더십은 진정한 영적 권위를 부여해주지 못한다.

6장

성도의 화평 속마음 :
성도는 목사가 리더십이 있을 때 화평을 누린다

목회행정에 필요한 리더십을 구비하라

나는 행정이 체질에 맞지 않는다. 행정이 어렵다. 그러나 행정에 신경을 쓴다. 왜냐하면 성도들에게 불만족스러운 마음을 심어주고 교회에 잡음을 일으키는 원인이 행정 때문임을 알기 때문이다.

가정교회 연수차 수주일 동안 머물며 우리 교회를 관찰하던 목사님들 중에는 우리 교회의 사역이 효율적으로 이루어지는 것은 나의 리더십 곧 행정력 때문이라고 인정하는 분이 있었다. 그런가 하면 몇 달 전 집사님들로부터 받은 나의 사역 평가에서는 내가 좀 더 역점을 두어야 하는 부분, 개선해야 할 분야를 행정력이라고 지적한 분도 있었다.

행정이 체질에 맞지 않고 은사가 아닌데도 행정이 비교적 원활히 이루어지고 있는 데는 나의 오랜 사회생활이 도움이 되었다. 나는 신앙생활에 관한 한 모든 것이 늦었다. 예수님을 나의 구주로 영접한 때는 30세였고 신학원에 입학한 것이 41세였고 목사 안수를 받은 것이 44세였다. 담임목회를 시작한 것은 48세이다.

어떤 분은 내가 좀 더 일찍 신학을 해서 목회자가 되었다면 더 많은 일을 할 수 있었으리라고 말하는데 나는 그렇게 생각하지 않는다. 세월의 낭비처럼 보였던 군대생활, 학위 취득하느라 고생했던 미국의 대학원 시절, 치열한 경쟁 속에서 보낸 9년의 연구생활, 나는 이 모든 것이 목회에 큰 도움이 되었다고 생각한다. 하나님께서 예레미야에게 말씀하셨다.

> "내가 너를 복중에 짓기 전에 너를 알았고 네가 태에서 나오기 전에 너를 구별하였고 너를 열방의 선지자로 세웠노라 하시기로"(렘 1:5).

하나님께서는 나를 특별한 사역을 맡길 목회자로 세우기 위해 사회생활 가운데 오래 준비시키셨고 하나님의 때가 되었을 때에 부르셨다.

휴스턴은 미국 석유 산업의 메카라고 불리는 곳으로 고학력 엔지니어들이 많다. 세계적으로 유명한 '앤더슨 암 센터'(M.D. Anderson Cancer Center)를 비롯하여 수많은 병원들이 단지로 조성되어 있어서 한국에서 연수차 오는 의사들도 많다. 이들은 대부분 믿지 않는 분들로 미국에 와서 시간적인 여유가 생기니까 교회에 나오기 시작하는데 이런 분들이 나의 설교가 쉽다고 평가해준다. 아마 같은 과학도로서 이분들과 나의 사고(思考)가 비슷해서 그런 것이 아닐까 싶다. 또 한국 상사 주재원들도 많은데 이분들 역시 내 설교가 마음에 와 닿는다고 말한다.

나는 그 점 역시 나의 직장생활 경험이 설교에 반영되었기 때문이라고 생각한다. 나의 사회 경험이 영혼 구원을 위해 유용하게 쓰이고 있는 것이다.

교회는 사람들이 모인 공동체이기 때문에 조직이 필요하고 운영이 필요하다. 성도들이 교회에 대하여 불평하는 것은 사소한 일 때문일 경우가 많다. 사무실에 전화를 걸었을 때 아무도 받지 않았다거나 담임목사를 찾는데 어디 있는지 모르겠다고 하거나 교회 봉사 당번이라는 연락을 너무 늦게 받았다거나 예고도 없이 교회 시책에 변동이 생길 때가 그렇다. 따라서 성도들이 불편해 하지 않고 사명을 잘 감당하도록 하기 위해서는 담임목사에게 탁월한 행정 능력과 리더십이 요구된다.

리더십의 자가진단과 개발

목회자 초청 가정교회 세미나에서 목회자들이 우리 교회 목자들에게 흔히 묻는 질문 중 하나가 이것이다.

"최 목사님이 가정교회를 성공시켰다고 생각하십니까, 아니면 최 목사님이 없더라도 가정교회가 성공했으리라 생각하십니까?"

이때 질문하는 분들의 마음속에 자리 잡고 있는 의문은 이것이다.

'가정교회가 미국이니까 성공했고, 휴스턴이니까 성공했고, 최 목사니까 성공했지, 한국에서도 될까? 우리 교회에서도 될까? 나도 할

수 있을까?'

하지만 이런 분들이 정작 듣고 싶어 하는 대답은 이것이다.

"예, 가정교회는 누구나 어디에서나 가능합니다."

과연 가정교회가 누구나, 어디에서나 가능할까? 그 대답은 "예"도 되고 "아니요"도 된다. 미국에서, 휴스턴에서, 최 목사만이 가정교회를 정착시킬 수 있느냐고 물으면 그 질문에 대한 답은 "아니요"이다. 이미 미국과 한국 여러 지역에서 가정교회를 성공적으로 정착시킨 목회자들이 많이 등장하고 있다. 최 목사가 아닌 누구라도 가정교회를 성공시켰을지 묻는다면 그 질문에 대한 답은 "예"가 될 수도 있고 "아니요"가 될 수도 있다.

가정교회는 아무나 할 수 있는 것은 아니다. 리더십이 있어야 한다. 가정교회를 성공적으로 정착시킨 목회자들은 모두 다 리더십이 있는 분들이다.

미국에서 잘 알려진 조지 바나(George Barna)라는 분이 있다. 기독교인을 상대로 여론조사를 하는 분인데 이런 사역을 하다보니 교회나 성도들의 실태를 누구보다 잘 알게 되어 요즘은 목회자들을 위한 상담자 역할을 하고 있다. 조지 바나는 목회자들에게 가장 필요한 것으로 리더십을 꼽는다. 성경 지식을 비롯하여 목회 기술을 두루 갖추었다고 해도 리더십이 없으면 목회가 불가능하다는 것이다. 그러나 안타깝게도 목회자 중 3분의 1만이 리더십을 소유하고 있다고 말한다.

'리더'(leader)는 문자 그대로 '리드'(lead)하는 사람이다. 리더는 자신이 주장해서 되는 것이 아니다. 스스로 리더임을 강조하는 사람은 어쩌면 리더가 아닐지도 모른다. 또 직책을 가졌다고 해서 반드시 리더가 되는 것은 아니다. 따르는 사람이 있어야 한다. 참된 리더란 가다가 뒤돌아보았을 때 자신을 좇는 사람들을 발견하는 사람이다.

리더십이란 한마디로 영향력이다. 리더는 영향력 있는 사람이다. 그 영향력으로 바람직한 목표를 향해 사람들을 이끌어갈 때 그 사람에게 리더십이 있다고 말한다.

리더십은 가지고 태어날 수도 있지만 배우는 것이기도 하다. 리더란 특정한 성격의 소유자만 될 수 있는 것이 아니다. 탁월한 리더 중에는 외향적인 사람도 있고 내성적인 사람도 있다. 사람들과 더불어 일하는 것을 좋아하는 사람도 있고 혼자 일하는 것을 좋아하는 사람도 있다. 지적인 사람도 있고 감성적인 사람도 있다. 목표 지향적인 사람도 있고 과정을 중시하는 사람도 있다. 리더는 독특한 성품을 가져야만 될 수 있는 것이 아니다. 배워서 될 수 있다.

리더십은 배우는 것이다. 그 방법 중 하나는 리더십에 관한 책을 많이 읽는 것이다. 리더십에 관한 책을 많이 읽다보면 내용이 중복되어 비슷비슷한 말을 하는 것처럼 느껴질지도 모른다. 그러나 그렇게 느껴질 때까지 읽어야 한다. 책의 내용으로 머릿속이 포화 상태에 이르게 되면 필요할 때 그 내용이 자연스럽게 생각나서 목회에도 적용할 수 있다.

리더십에 관한 세미나에 참석하는 것도 도움이 된다. 물론 목회에 관한 리더십 세미나도 도움이 되겠지만 나는 일반 경영자를 위한 세미나에 참석해볼 것을 권한다. 내 경험상 회장이나 사장 급을 대상으로 하는 전반적인 회사 경영에 관한 세미나보다는 현장 감독과 같은 실무자를 위한 세미나에 참석하는 것이 좋다. 이런 세미나를 통해 사람 대하는 법, 동기 부여하는 법, 협상하는 법, 징계하는 법 등을 배울 수 있다. 이런 방법은 직장생활을 하는 데 큰 도움이 되었고 이때에 배운 경영 기술이 목회에도 많이 적용되었다.

앞서 말했듯이 리더십은 영향력이다. 목표를 향해 나아가도록 다른 사람들을 이끄는 능력이다. 목회자가 좋은 아이디어를 가지고 비전을 제시하여도 성도들이 그를 따르지 않는다면 그것은 리더십이 없어서 그렇다. 그러나 성도가 따르지 않는다고 전부 리더십이 없기 때문이라고 말할 수는 없다. 성도들에게 문제가 있는 경우도 있다. 그러므로 리더십이 발휘되지 않을 때는 무엇이 문제인지 생각해보아야 한다.

첫째, 먼저 자신을 살펴보아야 한다. 자신에게 문제가 있는지 없는지 판단해보라. 자신을 성찰하여서 문제가 자신의 리더십 결핍 때문이라고 생각되면 리더십 개발을 위해 더 열심히 노력해야 한다. 앞서 제안한 방법에 따라 리더십을 개발하라.

둘째, 그러나 교회에 문제가 있을 수도 있다. 바이올린을 켜는 천부적인 재질을 가진 사람이라 할지라도 좋은 악기를 주지 않으면 아름다운 음악을 만들어낼 수 없듯이 목회자의 리더십이 아무리 좋아도 교회에 문제가 있으면 리더십이 제대로 발휘되지 못한다. 혹은 목회자의 리더십 스타일이 그 교회와 맞지 않을 수도 있다. 리더십을 개발하려고 최선을 다했지만 리더십이 먹혀들지 않을 경우, 목회자와 교회가 맞지 않아서 그런 것이 아닌가 생각해보고 그렇다고 생각되면 다른 임지를 찾는 것이 좋다. 목회자는 부름을 받을 때에 이미 리더로 부름을 받았다. 자신의 리더십을 제대로 발휘할 수 없는 곳이라면 하나님이 정해주신 사역지가 아닐 수도 있다.

영적 리더십의 조건 : 절대 순종

사실 나는 나 자신을 탁월한 리더라고 생각해본 적이 없다. 성격도 내성적이고 성품도 적극적이지 못하다. 목표 지향적인 사람도 못 된다. 그런데도 가정교회가 정착되어 열매를 맺고 교회 성도들이 따르고 순종하는 것을 보면 리더십이 없다고 말할 수는 없겠다. 그럼 성도들은 왜 나를 따를까? 상식적인 말처럼 들릴지 모르지만 나는 그것이 하나님의 은혜라고 생각한다. 그렇다면 하나님께서 왜 이런 은혜를 나에게 베풀어주셨을까? 그것은 하나님께 절대 순종하려는 나의 마음자세 때문이라고 생각한다. 나는 줄곧 주님이 있으라는 곳에 있고, 하라는 것을 하려고 했다. 하나님의 음성을 듣고 순종하는 것을 나의 사명으로 삼았다. 나는 지금이라도 주께서 서울교회를 떠나라고 하시면 떠날 용의가 있다. 주께서 목사 역할이 다 끝났으니 그만두라고 하시면 목사라는 직분도 반납할 용의가 있다. 이런 뜻을 가지고 목회하기 때문에 다른 부족한 점이 많지만 하나님이 어여삐 보시고 교인들이 좇지 않을 수 없는 권위를 덧입혀주신다고 생각한다.

목회 리더십의 시작은 하나님을 향한 절대 순종이다. 목회자 자신이 하나님께 순종하지 않으면 교인들은 목회자에게 순종하지 않는다. 이런 목회자는 리더십을 제대로 행사할 수 없으며 교회는 화평을 누리지 못하게 된다. 하나님에 대한 순종 없이도 리더십을 개발할 수 있다. 하지만 그런 리더십은 교회 운영에 도움이 될지언정 진정한 영적 권위를 부여해주지는 못한다. 반대로 절대 순종의 마음만 가지면 기술적인 면이 다소 부족해도 성도들이 따라줄 것이라고 생각한다.

목회자 중에서 행정이라고 하면 목회와 상관이 없는 것처럼 생각하는 사람들이 있다. 그러나 행정력은 리더십의 일부이다. 나는 행정을 이렇게 이해한다. 성도들이 사역에 전념할 수 있도록 편리를 제공해주고 뒷바라지하는 일, 사역자들 간에 충돌이 생기지 않도록 교통정리 하는 일이라고 말이다. 그러므로 행정은 사역이다. 성도들이 사역을 잘하도록 돕는 사역이다. 이 사역의 최종 책임자는 담임목사이다.

교회 법규를 준수하는 모범을 보여라

행정이 잘 이루어지려면 분명한 규칙이 있어야 한다. 교회에 어떤 규칙도 없이 '은혜로' 일을 처리해나간다면 자유로울 것 같지만 그렇지 않다. 예를 들어서 교통 법규가 없으면 마음대로 차를 몰 수 있을 것 같지만 그렇지 않은 것과 같다. 신호등이 없으면 마음대로 교차로를 지나칠 수 있을 것 같지만 도리어 교통 체증이 심해진다. 교통 신호등의 빨간 불, 파란 불, 노란 불이 운전자의 운전을 제한하는 것 같아도, 이 신호로 차량이 서로 충돌하지 않고 원활하게 소통되는 것이다. 교회 사역이 원활하게 돌아가도록 하기 위해서는 교회에도 규범이 있어야 한다.

그러나 교회법이 사역을 제한해서는 안 된다. 안타깝게도 사역이 원활하게 돌아가도록 하기 위해 만들어진 교회법이 어떤 경우에는 사역을 제한하는 도구로 전락하는 경우를 볼 때가 있다. 사역을 제한할 뿐만이 아니라 성령님의 역사까지도 제한한다. 반면 어떤 교회에서는 교회 규약이 성경의 원칙보다 우선하는 느낌이 들 정도로 규약에 얽매이기도 한다.

교회는 성경의 원칙대로 움직여야 한다. 지나치게 규약에 얽매여서는 안 된다. 또 교회 규약이 성령님의 역사를 제한하지 않도록 조심해야 한다. 규약이 사역에 도움을 주기보다 사역을 제한한다고 생각되면 언제라도 바꿀 수 있어야 한다. 교회의 규약은 원활한 사역을 위해 만들어졌다는 사실을 잊지 말라.

교회의 법규나 사역 원칙은 성도 모두가 알고 있어야 한다. 아무리 교통 법규가 잘 만들어졌다고 해도 운전자들이 모르면 소용이 없듯이 교회 법규나 목회 원칙도 교인들이 모르면 소용이 없다. 그러므로 담임목사는 교인들이 이 점을 이해하도록 충분하게 홍보할 책임이 있다.

목사는 법규와 원칙을 준수하는 모범이 되어야 한다. 나는 교회에서 가능하면 평신도들과 똑같이 규칙을 지키려 한다. 집사회의에서 결정할 일이면 집사회의 허락을 얻고, 물건을 사고 영수증을 제출하게 되어 있으면 영수증을 제출하고, 집회에 갔다가 하루를 더 묵게 되었다면 그 하루는 정해진 휴가 일수에서 공제하고, 야유회에 가서 밥을 먹을 때에도 성도들과 똑같이 줄을 선다.

사실 행정은 어려울 것이 없다. 사역자 간에 충돌이 생기지 않고 사역이 원활히 이루어지도록 교통정리 하는 일이기 때문에 상식과 지혜에 의존하면 된다. 또 하나님께 기도하면 하나님께서 지혜를 주신다.

> "너희 중에 누구든지 지혜가 부족하거든 모든 사람에게 후히 주시고 꾸짖지 아니하시는 하나님께 구하라 그리하면 주시리라"(약 1:5).

스스로 행정 체질이 아니라고 말하는 데는 이유가 있다. 나는 논리나 계획보다 직관에 의지하는 사람이다. 조직하고 계획하는 일은 어렵게 느껴진다. 그런데도 행정력이 있다는 평가를 받는 것은 기도 때문이다. 기도를 오래 하다보면 하나님께서 지혜를 주신다. 그래서 새벽에 기도할 때에도 손이 닿을 수 있는 거리에 메모지를 놓고 기도한다.

생각이 떠오를 때마다 즉시 적어놓고 계속 기도를 이어간다. 기도를 모두 끝내고 일어날 때쯤 되면 10개 이상의 아이디어가 적혀 있는 것을 발견한다. 그러면 사무실로 와서 컴퓨터 앞에 앉아 오늘 해야 할 목록에 이 생각들을 정리해서 적어둔다. 그 다음에는 오늘 하기로 예정했던 일과 지금 막 입력한 일을 나열하여 우선순위를 정한다. 그리고 정한 순서대로 일을 처리해간다.

사역의 우선순위와 시간관리

목회자에게는 우선순위를 정하는 일이 반드시 필요하다. 목회자의 일은 어차피 끝나는 법이 없다. 하루를 마감하면서 "오늘 내가 해야 할 일을 다 끝냈다"라고 말할 수 있는 목회자는 많지 않을 것이다. 하지만 우선순위를 정하고 중요한 일을 먼저 하면 해야 할 일을 모두 끝내지는 못해도 중요한 일은 끝마칠 수 있다. 이렇게 우선순위를 정해놓고 하루 종일 일을 해도 저녁 때 돌아보면 별로 한 일이 없는 것처럼 느껴질 때도 있다. 집에서 살림하는 주부들 대부분이 이렇게 느낀다. 하루 종일 바쁘게 일했지만 남편이 돌아와서 "오늘 하루 종일 뭐했어?"라고 물으면 딱히 집어서 할 말이 없는 것처럼 목회자들도 같은 심정으로 행정을 기피하는 것은 아닌가? 그러나 자신에게 의미 없는 일을 한다고 해서 주부가 가사를 포기하지는 않는다. 그렇게 하면 집안은 금세

엉망이 될 것이다. 목회자도 마찬가지이다. 특별한 성취감을 느낄 수 없는 사소한 일이라고 해도 무시해서는 안 된다. 전화 걸고, 편지 쓰고, 메모하고, 회의하고, 청탁하는 모든 일들은 교회가 원활히 돌아가도록 하는 데 반드시 필요한 일들이다. 이를 기피해서는 안 된다.

목회자는 급한 일과 중요한 일을 구별할 줄 아는 지혜가 있어야 한다. 긴급한 일과 중요한 일이 반드시 일치하는 것은 아니다. 예를 들면 토요일 밤, 한창 설교를 준비하는데 교인이 부부 싸움을 하다가 전화를 걸어와 급히 와달라고 한다면, 이럴 때 대부분의 목회자들은 거절하지 못하고 설교 준비를 포기하고 달려간다. 이것이 양을 돌보는 목사가 해야 할 일이라고 생각하기 때문이다. 그러나 이 경우에 잊고 있는 점이 있다. 하나님의 말씀으로 양들에게 좋은 꼴을 먹이는 것도 목사가 해야 할 중요한 본분이라는 것이다.

싸움하는 부부를 무시한 채 설교 준비를 반드시 계속하라는 뜻은 아니다. 급한 일과 중요한 일이 있다는 것과 급한 일과 중요한 일을 구분할 줄 알아야 한다는 것을 말하는 것이다. 만일 부부 싸움이 치열해서 혹 어느 한 쪽이 신체적인 위협을 느낄 정도라면 즉시 찾아가야 한다. 그러나 평소 자주 싸우는 부부라면 대신 평신도 지도자를 보내고 목사는 설교 준비에 계속 임할 수도 있다. 반면에 시급해 보이지 않아도 중요한 일이 있다. 예를 들어서 새벽기도 시간을 갖는 것, 조용한 곳에서 교회의 장래를 구상하는 것, 아내와 자녀들과 함께 시간을 보내는 일은 급하지 않지만 목회의 승패를 좌우하는 중요한 일들이다.

목회자는 시간을 효율적으로 사용하는 방법을 터득해야 한다. 사실 이 점이 나의 약점이다. 달려들면 30분 만에 끝낼 수 있는 일도 나는 그렇게 하기까지 마음을 준비하는 데 한두 시간씩 걸린다. 이런 나의 결점을 보완하기 위해 어떻게 해서든지 나는 뭉텅이 시간을 만들려고 노력한다. 예를 들어서 어떤 요일의 오전 시간은 설교를 준비하고 말씀과 관련된 일만 하는 데 전적으로 할애하려고 노력하는 것이다. 이렇게 한 가지 목적으로 뭉텅이 시간을 지정해놓으면 그 시간을 좀 더 효율적으로 사용할 수 있다. 집중하지 않아도 되는 일은 가능하면 자투리 시간을 이용하도록 계획한다. 가끔은 하루를 15분 단위로 나누어 내가 그 시간을 어디에 어떻게 사용하는지 점검한다. 그렇게 하면 시간이 어떻게 낭비되는지 확인하고 시간을 어떻게 좀 더 효율적으로 사용할 수 있는지 파악할 수 있다.

합리적인 교회 운용을 위한 제안

목회자는 교인들과 직접 의사소통 할 수 있는 길을 마련해놓아야 한다. 교회에 잡음이 생기는 것은 중요한 결정이 내려지거나 중요 시책이 실행될 때이다. 이럴 때에 담임목사의 결정을 못마땅하게 생각하는 교회 지도자가 있어서 사실이 아닌 것을 사실처럼 유포하여 교인들의 의견을 반대 방향으로 이끈다면 목회자는 속수무책이다. 일일이 교인들을 찾아다니며 아니라고 말할 수도 없고 설교 시간에 경위를 설명할 수도 없다.

이런 경우를 방지하기 위해 목회자는 교인들에게 직접 자신의 의사를 전달할 수 있는 길을 열어놓아야 한다. 그렇게 하는 방법의 하나로 나는 주보에 칼럼을 연재한다. 매주 연재하는 칼럼을 통해 새로운 결정에 대해 오해가 생긴 경위를 설명할 수도 있고 잘못된 소문의 진위를 가리고 진실을 설명할 수도 있다.

또한 교회에서 잡음이 발생하기 쉬운 시기는 직분자를 선출하고 난 후이다. 공천에서 떨어진 분은 떨어졌다고 불평하고, 공천이 되었으나 피택이 안 된 분은 목사가 밀어주지 않았다고 불평할 수가 있다. 직분자 선출로 인해 문제가 생기는 것을 너무나 많이 보았기 때문에 나는 서울교회에 부임하면서부터 안수집사 선출에 일절 개입하지 않고 성도들의 선택에 맡기기로 결심하였다. 부임한 첫 해인 1993년부터 공천 위원회를 결성하지 않고 공천과 선출 모두 교인들에게 맡기는 방법을 도입했다.

가장 먼저 새 안수집사를 몇 명 선출할 것인지를 안수집사회의에서 결정한다. 안수집사회가 자동 공천위원회가 되되 후보는 추천하지 않고 인원과 자격만 결정하는 것이다. 그 다음에는 교인 중에서 안수집사가 될 만한 최소한의 조건을 갖춘 분들의 이름을 모두 명기한 용지를 교인들에게 배부하여 전 교인들에게 안수집사로서 자격이 있다고 생각되는 분을 4명까지 공천하라고 하였다. 이를 모아 집계한 후에 가장 득표 수가 많은 4명에게 공천 수락 여부를 묻고 공천을 수락한 분들의 신앙 간증서와 이력서를 교인들에게 배부한 후 몇 주 후 주일예배 도중에 교인들에게 기표하도록 하되 공천된 사람 중 2명만 표기하도록 한다. 이 과정을 거쳐서 3분의 2 이상 득표한 사람을 피택 안수집사 후보로 삼았다.

복수 인원을 공천하도록 한 것은 소수의 사람들이 연합하여 특정 공천 후보를 내세우는 것을 방지하기 위해서다. 첫 번째 공천 과정에서 이미 표가 분산될 가능성이 크기 때문에 충분히 가능한 일이다. 또 한 번의 투표를 거치면 그런 사람이 공천이 되었더라도 안수집사로 피택될 가능성이 현저히 줄어든다. 또 이 경우 모든 것이 교인들의 선택에 달렸다는 것을 이미 알기 때문에 결과에 대해 섭섭한 마음조차 가질 수 없다.

요즘은 필요한 수의 공천자를 놓고 가부를 표기하여 3분의 2 이상 득표하는 사람을 집사 후보로 세운다. 이렇게 바꿀 수 있었던 것도 목장 제도 때문이다. 이제는 목자만이 집사 공천을 받을 수 있다. 공천도 전 교인이 하지 않고 목자들이 한다. 신임할 만한 사람들이 신임할 만한 사람을 공천하니까 자격 없는 사람이 집사가 될 가능성은 거의 없어졌다. 배수로 공천할 필요도 없어진 것이다.

중요 안건을 토의할 때는 투표하여 최하 점수와 최상의 점수를 뺀 나머지로 평균을 내는 방법을 활용한다. 안수집사를 몇 명 뽑느냐를 결정할 때에도 이 방법을 사용한다. 목회자 생활비를 인상하거나 결정할 때에도 이 방법을 사용한다. 미주 한인 교회에서는 목회비 인상을 토의할 때 목회자들에게 자리를 피해줄 것을 요청한다. 그러나 이 방법을 쓸 경우에는 그럴 필요가 없다.

서울교회에 부임한 뒤 나는 매년 목회비 인상을 논의하기로 결정했다. 비록 0퍼센트로 결정하더라도 이 안건은 매년 토의되어야 한다는 것이 나의 생각이다. 예산을 책정하는 마지막 단계에서 목회자 생활비를 결정할 때가 되면 현재 드리는 생활비가 얼마인지, 작년 인플레이션 요율이 얼마인지 집사님들에게 알린 다음 주일 집사회의에서 토의 없이 종이에 몇 퍼센트 인상이 가장 적합한지 적어내도록 하는데, 적어낸 수치 중에서 가장 큰 수와 가장 작은 수를 제외하고 나머지로 평균을 내는 것이다. 합리적으로 교회를 운영하기 위한 방법으로 도입해볼 만하다.

담임목사가 반드시 교회행정을 직접 도맡아야 하는 것은 아니다. 행정에 뛰어난 목회자를 찾아 위임할 수도 있다. 그러나 특정 전도사나 목사에게 행정 사역을 전적으로 맡기는 데는 문제가 있다. 목회자가 되기로 결심한 것은 총체적인 목회를 위해서이지 행정을 위해서가 아니다. 행정 사역만 감당할 경우 보람을 느끼기가 힘들다. 또한 사회 경험이 없는 사역자에게 행정 능력이 부족한 것은 당연하다.

그렇다면 전도사나 목사에게 교회 행정을 맡기기보다 행정 경력이 있는 평신도에게 맡기는 것이 좋지 않을까. 회사의 기획실이나 총무처에서 일한 분들에게 교회의 행정 사역을 전적으로 맡기는 것도 좋은 방법이다. 이 일을 중요한 사역으로 인식하는 사람을 교회 사무장으로 세우고 교회 전체의 행정 사무를 총괄하도록 한다.

하나님의 뜻을 좇아 지도하라

교회 지도자라는 개념에 혼동을 주는 것이 만인제사장론이다. 만인제사장론을 주장하는 사람들은 그 근거로 베드로전서의 말씀을 내세운다.

> "오직 너희는 택하신 족속이요 왕 같은 제사장들이요 거룩한 나라요 그의 소유된 백성이니 이는 너희를 어두운 데서 불러내어 그의 기이한 빛에 들어가게 하신 자의 아름다운 덕을 선전하게 하려 하심이라"(벧전 2:9).

그런데 많은 분들이 이 만인제사장론을 잘못 이해하고 있다. 이 구절을 잘못 해석하여 목회자와 평신도가 똑같다고 생각한다. 그러나 이 구절은 어느 한 개인에게 주신 말씀이 아니라 교회에 주신 말씀이다. '너희'라는 복수 2인칭 대명사가 이를 증명하고 있다. 여기에서 베드로는 이스라엘 선민과 교회를 대비하여 말씀하고 있다.

물론 목회자와 평신도에게는 같은 점이 있다. 신분이 같다. 하나님의 자녀이며 하늘나라의 백성이라는 점 역시 같다. 그러나 사역에 있어서는 단연코 틀리다. 하나님께서는 목회자를 양을 목양하는 목자로 불러주셨다. 그렇기 때문에 목회자들에게는 리더십이 요구되고 성도들은 목회자에게 순종해야 한다. 베드로는 교회 젊은이들에게 이렇게 권면한다.

> "젊은 자들아 이와 같이 장로들에게 순복하고 다 서로 겸손으로 허리를 동이라 하나님이 교만한 자를 대적하시되 겸손한 자들에게는 은혜를 주시느니라"(벧전 5:5).

히브리서 기자도 교인들에게 이렇게 권면한다.

> "너희를 인도하는 자들에게 순종하고 복종하라 저희는 너희 영혼을 위하여 경성하기를 자기가 회계할 자인 것같이 하느니라 저희로 하여금 즐거움으로 이것을 하게 하고 근심으로 하게 말라 그렇지 않으면 너희에게 유익이 없느니라"(히 13:17).

내가 담임하는 교회는 침례 교단에 속한다. 침례교회는 '회중주의'를 도입하고 있다. 그러나 회중주의는 민주주의와 다르다. 민주주의에서는 다수의 의견이 절대적이다. 그러나 회중주의는 그렇지 않다. 회중주의의 핵심은 모든 사람이 하나님의 뜻을 알 수 있다는 것이다. 베드로의 만인제사장론의 핵심도 이것이다. 특수한 사람만이 하나님께 나아갈 수 있는 것이 아니라 하나님의 자녀는 누구나 직접 하나님을 만날 수 있고 하나님의 뜻을 알 수 있고 하나님을 섬길 수 있다는 것이다.

주님이 교인들에게 맡겨주신 사역은 다르다. 그러므로 교회 안에는 리더가 있고 따르는 사람이 있다. 목회자는 리더이다. 하나님은 보통 리더를 통해 말씀하신다. 그러나 리더도 하나님의 뜻을 오해하거나 잘못 읽을 수 있다. 그러므로 리더가 받은 말씀이 진정 하나님으로부터 온 말씀인지 아닌지 다같이 살피는 것이 진정한 회중주의이다.

사도 바울은 사도라는 신분에도 불구하고 환상을 보았을 때에 동역자들과 의논한 뒤 하나님의 뜻을 결정하였다. 사도 바울이 유럽 선교를 시작할 때의 일이다.

"밤에 환상이 바울에게 보이니 마게도냐 사람 하나가 서서 그에게 청하여 가로되 마게도냐로 건너와서 우리를 도우라 하거늘"(행 16:9).

다음 절에는 이렇게 기록이 되어 있다.

"바울이 이 환상을 본 후에 우리가 곧 마게도냐로 떠나기를 힘쓰니 이는 하나님이 저 사람들에게 복음을 전하라고 우리를 부르신 줄로 인정함 이러라"(행 16:10).

마지막에 '인정함이러라'의 헬라어 'sumbibazontes'는 복수 분사형이다. 그 단어는 '더불어'(sum)라는 전치사와 '억지로 시키다'(bibazo)라는 동사가 합쳐진 형태이다. 영어성경에서는 'concluding'으로 번역되어 있다. 사도 바울은 환상을 본 후 하나님께서 마게도냐로 부르신다는 것을 독단적으로 결정하지 않았다. '동역자들'과 의논하여 그런 결론을 내렸다. 사도 바울은 동역자들에게 아마 이렇게 물었을 것이다.

"내가 어젯밤에 이런저런 환상을 보았는데 하나님께서 우리를 마게도냐로 부르시는 것이 아닐까요?"

이 말을 들은 동행들 역시 기도해본 다음 이렇게 대답했을 것이다.

"하나님이 우리를 마게도냐로 부르시는 것이 틀림없습니다."

그래서 그들은 소아시아를 떠나 유럽 선교를 시작하게 되었다.

그러므로 그리스도인들의 회의란 '함께 하나님의 뜻을 찾는 모임'이 되어야 한다. 이런 원칙하에 우리 교회에서는 안수집사회의(장로 제도가 있는 교회의 당회에 해당함)를 갖는다. 집사회의는 개인적인 의견을 나누는 모임이 아니라 하나님의 뜻을 찾는 모임이다. 나는 집사님들에게 기도하지 않고서는 발언하지 말라고 당부한 바 있다. 목사인 나를 포함해서 누군가 의견을 제시하면 그 일을 당일로 결정하지 않는다. 우선 질의응답 시간만 갖고 일주일간 기도해보고 나서 다음 주일에 결정하는 것이 보통이다.

기도하고 모인다고 해서 집사님들의 의견이 항상 같은 것은 아니다. 어떤 때에는 열띤 논쟁이 벌어지기도 하고 결정을 내리기 힘들어서 다음 주일로 미루어야 할 때도 있다. 토의를 위한 토의가 되는 기미가 보일 경우, 단호히 개입하여서 의견을 종합하여 결론을 내리고 다음 토의로 넘어가야 한다. 주님의 뜻을 알려면 목자의 심정을 가져야 한다. 헌신된 목자들 중에서도 더욱 헌신된 분들이 선출된 안수집사인 만큼 주님의 심정을 좇아 중요한 결정을 내릴 수 있어야 한다.

전폭적으로 위임하라

목자는 평신도 목사처럼 목양한다. 심방, 상담, 축하예배 등 보통 교회에서 담임목사나 부목사가 할 일을 평신도 사역자인 목자들이 모두 하고 있다. 따라서 교회에서는 목자들의 목양 사역을 지원하는 사역이 뒷받침되어야 한다. 예배, 재정, 선교, 시청각, 컴퓨터, 찬양 등이 바로 이런 지원 사역이다.

이 지원 사역은 안수집사님들이 담당한다. 단 이 사역이 가정교회 사역과 경쟁관계에 놓이지 않도록 조심해야 한다. 많은 교회에서 프로그램이 너무 많아 영혼을 구원하여 제자 만드는 사역이 약해지는 것을 보는데 교회의 프로그램은 영혼을 구원하여 제자 만드는 사역을 돕는 프로그램으로 자리매김해야 한다.

유능하고 효율적인 평신도 사역자를 키우려면 철저히 위임해야 한다. 나는 일단 사역을 맡기면 완전히 위임한다. 사역을 가장 잘 아는 사람이 현장에서 뛰는 사람이라고 생각하기 때문에 회의석상에서 의견을 달리하는 집사님의 의견이라도 존중한다.

우리 교회에서는 의견을 낸 사람이 보통 집행까지 책임지고 있다. 나라에 입법부와 행정부가 분리되어 있는 것처럼 당회에서 결정을 내리면 사역부나 제직회에서 그 사역을 집행하는 것이 보통이다. 그런데 집행을 염두에 두지 않고 내린 결정은 현실성이 없고, 자신이 낸 의견이 아닌 일을 단지 집행만 하다보면 일이 불성실하게 집행되기 일쑤이다. 무엇보다 이런 체제에 익숙해진 장로님들이 자신을 섬기는 사람보다는 다스리는 사람이라고 생각하게 되는 경향이 있다. 이 점을 미연에 방지하여 교회 지도자가 섬기는 자임을 분명히 하기 위해 우리 교회에서는 의견을 낸 사람이나 부서에서 책임지고 사역하도록 전적으로 위임한다. 이렇게 교회 지도자들은 주님이 원하시는 리더십, 즉 섬기는 리더십의 본을 보여주어야 한다.

교회가 커지면 교회 운영 방법도 달라져야 한다. 교인 수가 100명 미만일 때에는 회중이 다 모여서 결정하는 것이 좋다. 교인이 몇 백 명 되면 당회나 안수집사회의를 통하여 운영하는 것이 좋다. 그러나 교인 숫자가 그 이상일 경우 일주일에 한 번 있는 당회나 안수집사회의로는 교회 운영이 어렵다. 즉각적으로 일을 처리할 수 없기 때문이다. 그래서 많은 교회에서 교회가 커지면 전문 사역자를 모셔서 사역하고 있다. 하지만 평신도가 할 사역을 다시금 목회자에게 맡기는 일은 피하고 싶었다. 나도 결정이 유보되면 그만큼 교회 사역의 능률이 떨어지는 점을 모르지 않았다. 그러나 다소 능률이 떨어지더라도 교회 사역이 평신도의 사역이 되어야 한다는 취지를 살려 고안해낸 것이 인터넷을 통한 집사회의이다.

교회 홈페이지에 '집사방'이라는 웹페이지를 만들어서 집사님들만이 들어올 수 있도록 했다. 교회 행정에 관해 의논할 일이 생기면 여기에 글을 올려서 다른 분들의 의견을 듣는다. 발안된 안건에 대하여 24시간 동안 반대 의견이 없으면 집사회의를 통과한 것으로 인정하여 집행하도록 한다. 그러나 한 명이라도 이의를 제기하면 집행을 보류하고 그 안건을 정기 집사회의에서 다시 토의한다. 이렇게 하니까 집행이 신속히 이루어질 뿐만 아니라 중요한 안건은 미리 토의한 다음 모이는 효과가 있어서 회의 시간도 줄어드는 것을 발견했다. 물론 목사인 내가 출타중이라도 교회 사역에 참여할 수 있고 나의 의견이 필요한 사안이 있다고 해도 내가 돌아올 때까지 기다릴 필요가 없다.

사모는 직임이 아니다

사모들이 생각하는 사모의 역할은 무엇인가? 그들은 목회에서 자신의 역할이 있어야 한다고 느낀다. 그러나 그 역할이 무엇인지는 분명하지 않다. 보고 배울 수 있는 마땅한 모델도 없다. 어느 정도까지 자기 의견을 나타내야 하는지, 어느 정도로 사역에 동참해야 하는지 확신하지 못하고 있다.

사모들의 이런 혼동은 당연하다. 사모는 은사도 직책도 아니다. 성경은 사모에 관해 어떤 언급도 하고 있지 않다. 집사의 아내에 관해서는 이렇게 말한다.

> "여자들도 이와 같이 단정하고 참소하지 말며 절제하며 모든 일에 충성된 자라야 할지니라"(딤전 3:11).

그러나 이 구절은 집사의 아내 혹은 여자 집사에 관한 말씀이라는 의견이다. 이 구절을 사모에게 적용해볼 수도 있지만 교회 안에서의 사모 위치에 대한 정확한 답을 주지는 못한다. 성경에서 분명히 말씀하지 않는 사모의 역할에 대하여 지나치게 독단적으로 말하는 것은 옳지 않다. 성경이 분명히 말하지 않은 이유는 성령님의 인도하심에 따라 시대와 문화에 합당하도록 행동하라는 의미가 있다고 생각한다.

나는 사모를 헌신된 평신도로 대하는 것이 가장 좋다고 생각한다. 은사가 있는 분을 사모라는 이유만으로 가만히 있으라고 해서도 안 되고, 특별한 은사가 없는 사모에게 사모라는 이유만으로 사역을 강요해서도 안 된다. 집에서는 남편인 목사가 사역에 전념할 수 있도록 수발하고, 교회에서는 다른 평신도와 마찬가지로 주어진 은사에 따라 봉사하는 것이 가장 좋다는 것이 내 생각이다.

사모는 헌신되었지만 평신도이기 때문에 목회자의 아내라는 위치를 특권처럼 생각해서는 안 된다. 특히 교회 행정이나 인사에 관여해서는 안 된다. 그런 일은 사역을 방해하는 결과를 가져올 수도 있고 목사가 객관성을 잃게 할 수도 있기 때문이다.

아내는 나의 목회 원칙을 잘 받아들이고 있다. 그러나 아픈 사람이 있으면 남몰래 찾아가 보고, 어려운 사람들을 물심양면으로 돕기도 하며, 목녀(목자의 아내)들의 고충을 함께 나누는 일이라면 주저하지 않고 위로해준다. 조용히 남모르게 헌신하는 사모, 평신도의 모습으로 섬기는 사모가 교인들로부터 사랑받는다.

지금껏 내가 금전에 관하여 부끄러운 모습을 보이지 않고 목회할 수 있었던 것은 아내 덕분이다. 아내의 경제적인 도움이 없었다면 외부 집회를 인도하고 받는 사례비나 저서의 인세를 당당히 헌금으로 바칠 수 없었을 것이다. 재정적으로 여유가 없는 작은 교회의 사모는 일하기 원하지만 교인들의 반대 때문에 못하는 경우가 있다고 한다. 그러나 이런 관습은 바뀌어야 한다. 교회의 사례비가 충분한 생활비가 되지 못할 경우, 사모가 일하는 것을 금해서는 안 된다. 물론 사모에게 일을 하라고 강요해서도 안 된다.

사모가 직장을 갖고 일하기 시작했다면 지금까지 해오던 사역을 계속할 수도 있고 사역의 일부만 계속할 수도 있다. 이 결정은 전적으로 사모 본인에게 맡겨야 한다. 헌신된 평신도로서 은사를 좇아 최선을 다하여 섬기고 있으면 나머지 사역에 관해서는 사모 본인에게 선택의 자유를 주는 것이 좋다.

신임투표 제도를 선용하라

서울교회에 부임하면서 신임투표제를 도입하였다. 많은 교회에서 문제가 생겼을 때 그 갈등이 확대되는 것은 목회자와 지도자가 상황을 보는 시각이 서로 다르기 때문이다. 목회자는 교인들이 모두 자신을 지지하는데 지도자 몇 명이 자신을 대적한다고 생각한다. 지도자는 교인들 대부분이 목사님을 불신임하는데 목사님이 이 점을 모른다고 생각한다. 신임투표는 이런 갈등이 있을 때 어느 쪽의 관점이 옳은지 객관적으로 판별할 수 있는 도구가 되어 교회 분규가 증폭되고 더 나아가 교회가 분열하는 것을 막을 수 있다.

나는 부임한 지 6년이 되었을 때에 교회 규약을 전면적으로 개정하였다. 그때에는 이미 교회 실정에 맞도록 가정교회가 완전히 정착되어 있었다. 이때에 목회자 신임투표 규정도 만들어 넣었다. 담임목사 신임투표 규정은 이렇게 실행된다. 시무 6년 마지막에 신임투표를 하여 이를 통과하면 1년 안식년을 가진 다음 7년을 더 시무할 수 있다. 통과하지 못할 경우 안식년을 가지면서 다른 사역지를 찾아야 한다.

신임투표제의 긍정적인 측면은 새 목회자의 리더십을 놓고 문제가 생길 때에 교회 분열까지 가지 않아도 된다는 것이다. 신임투표를 실시하여 교인들 다수가 목회자의 리더십에 문제가 있다고 결정하면 담임목사가 평화롭게 교회를 떠날 수 있기 때문이다. 또 새로 부임한 신임목사는 신임투표가 있기 전까지 안정적으로 소신 있게 목회할 수 있다.

이런 신임투표의 효율을 높이기 위해서는 정확한 교인 명부 작성이 필요하다. 방문 카드만 적어내면 등록한 것으로 취급하고, 등록이 되면 교인으로 취급하는 교회에서는 도입하기 어렵다. 교회에 출석하지 않은 지 몇 년씩 되어도 교인으로 인정하고, 타지로 이주해도 교인 명부 상에 올라 있는 경우, 그것은 신임투표 제도에 악용될 소지가 있다. 신임투표를 앞두고 목회자나 교인들이 자기에게 동조하는 사람을 대거 등록시켜 투표에 임할 경우 진정한 신임투표가 되지 못하기 때문이다.

우리 교회에서는 투표할 수 있고 임명도 받을 수 있는 회원 교인이 되려면 조건이 있다. 예수님을 주님으로 영접하고, 침례 받고, 회원 교인이 되기를 스스로 신청해야 한다는 것이다. 이런 절차를 거쳐서 회원 교인이 된 사람들의 명부는 석 달마다 점검한다. 타지로 이사를 갔든지 다른 교회에 출석하기 시작했다면 곧바로 명부에서 삭제한다. 또 6개월에 한 번씩 가정교회 식구들의 최신 명부를 제출하도록 해서 주일예배만 참석하고 목장에 소속되어 있지 않은 사람들도 교회의 회원 교인 명부에서 삭제하도록 한다.

교회는 치유 공동체이면서 사명 공동체이다. 치유 공동체이기 때문에 누구나 환영받아야 한다. 그러나 사명 공동체이기 때문에 훈련받은 사역자가 그 구성원이 되어야 한다. 우리는 등록 교인과 회원 교인으로 교인을 선별해두었기 때문에 그 두 가지 목적을 동시에 달성할 수 있었다.

담임목사는 7년에 한 번씩 신임투표를 받지만 안수집사님들은 5년에 한 번씩 신임투표를 받는다. 4년 시무하고 1년을 쉬고 나서 재시무할 때는 다시 신임투표를 받아 3분의 2 이상 득표해야 한다. 휴무 제도를 도입하자 안수집사님들은 더욱 의욕적으로 일했다. 쉬는 기간 동안 에너지를 비축할 수 있을 뿐만 아니라 집사로 섬기는 일이 얼마나 큰 특권인지 깨닫게 되기 때문이다. 또 한 집사님이 한 가지 사역을 붙들고 있는 문제도 자연스럽게 해결된다.

어떤 교회에서는 당회원으로 일정 기간 시무했을 경우에는 더 이상 당회원으로 섬기지 못하도록 규정하고 있다는데 그것은 그다지 좋은 방법이 아니다. 본인이 원하고 교인들이 허락한다면 은퇴할 때까지 사역의 기회는 주어져야 한다.

우리 교회에서는 담임목사나 안수집사 모두 67세가 되면 은퇴하게 된다. 그러나 안수집사는 은퇴한 뒤에도 계속 목자로 섬길 수 있다.

목사가 알고 싶은
성도의
속마음

교회의 존재 목적은 영혼을 구원하여 제자 만드는 것이다.
성도는 분명한 목표를 가지고 영혼 구원의 열정으로 들끓는
목회자에게 순종한다. 교회 사역의 초점을 영혼 구원에 맞추고
교인들에게 영혼 구원의 열정을 심어주는 것은 담임목사의 일이다.

7장

성도의 순종 속마음 :
성도는 영혼을 사랑하는 목사에게 순종한다

영원 구원의 열정을 보시는 하나님

일부 부흥하는 교회의 목회자들을 만나보면 인격적으로 부족하지 않나 하는 생각이 들 때가 있다. 이기적이고, 고집이 세고, 편견도 많고, 권위적이라는 인상이 강하다. 그런데도 교회는 부흥하고 교인들은 순종한다. 이런 결점을 가진 목회자가 목회하는 교회가 왜 부흥하는지 내게는 늘 수수께끼였다. 그런데 어느 순간 나는 이분들에게서 어떤 공통점을 발견했다. 그것은 영혼 구원의 열정이 뜨겁다는 것이다. 그 때 나는 비로소 이해가 갔다.

'영혼을 구원하려는 열정이 뜨거우니까 하나님께서 흠결을 어느 정도 봐주시는구나!'

하나님께서는 모든 사람이 회개하고 구원 얻기를 원하신다.

"하나님은 모든 사람이 구원을 받으며 진리를 아는 데 이르기를 원하시느니라"(딤전 2:4).

"아무도 멸망치 않고 다 회개하기에 이르기를 원하시느니라"(벤후 3:9).

그런데 웬일인지 목회자도 교회도 이런 하나님의 소원을 잊어버렸다. 그렇기 때문에 하나님의 소원을 알고 영혼 구원에 힘쓰는 목회자는 다소 인격이 모자라도 하나님이 쓰시는 것이 아닐까. 또 하나님이 쓰시니까 능력이 나타나고, 능력이 나타나니까 성도들도 그 권위를 인정하여 순종한다고 생각한다. 성도는 영혼 구원의 열정이 있는 목회자를 따른다.

존재 목적이 분명한 교회

"교회에서 해야 할 가장 중요한 일은 무엇이라고 생각하십니까?"

가정교회 세미나 강의 시간에 내가 꼭 묻는 질문이다. 그러면 여러 가지 대답이 나온다.

"그중에서 하나만 꼽으라고 하면 무엇입니까?"

이렇게 다시 물으면 가장 많이 꼽는 것이 예배이다. 교회가 우선 예배 공동체가 되어야 하지 않겠느냐는 것이다. 과연 예배는 교회가 해야 할 가장 중요한 일일까? 어떤 분들은 이런 질문을 던졌다는 것 자체로 불쾌함을 느낄지도 모르겠다. 예배가 가장 중요한지 아닌지를 논의 대상으로 삼는 것 자체가 예배를 비하하는 불경스러운 모습으로 비쳐지기 때문이리라. 그러나 과연 예배가 교회가 해야 할 가장 중요한 일일까?

물론 예배 없는 교회는 있을 수 없다. 기도 없는 교회도 있을 수 없다. 전도하지 않는 교회도 있을 수 없다. 교육이 없는 교회도 상상하기 어렵다. 그렇지만 나는 이런 것들이 교회에 없어서는 안 될 '가장' 중요한 것은 될 수 없다고 생각한다. 많은 목회자들이 예배를 교회에 없어서는 안 될 가장 중요한 요소라고 보는 성경적 근거는 무엇일까?

이렇게 물으면 목회자들은 보통 구약성경의 구절을 인용한다. 그러나 그리스도의 죽음과 부활이라는 엄청난 사건이 있는데도 예배가 가장 중요하다는 점을 증명하기 위해 구약성경의 구절만을 인용한다면 그것은 논리적으로 문제가 있는 것이 아닐까? 신약성경 구절을 동원하여 예배가 교회에서 해야 할 가장 중요한 일이라는 것을 증명하려 할 때는 그 가운데 신학적인 유추가 발생한다. 물론 신학적인 유추는 중요하다. 그러나 성경에 분명히 계시되어 있는 말씀보다 신학적인 유추가 우선해서는 안 된다.

성경은 교회가 해야 할 가장 중요한 일이 무엇인지 분명히 밝히고 있다. 마태복음 28장 19, 20절의 '지상명령'(Great Commission)이 그것이다. 지상명령은 개인에게 주신 사명인 동시에 교회에 주신 사명이다. 그 근거는 지상명령을 주신 대상을 보아서 알 수 있다. 이 말씀을 받은 사람은 열한 제자이다(마 28:16). 이들은 보통 제자가 아니라 사도였다.

'사도'(使徒)란 단수가 아니라 복수이다. 단수로는 사신(使臣)이나 사자(使者)가 있다. 사신이란 임금의 명을 받고 타국으로 파견되는 사람이다. 그러므로 사도는 한 곳에 머물러 목회하는 사람들이 아니라 복음이 전해지지 않은 곳에 가서 복음을 전하도록 보냄을 받은 '사람들'이다. 그곳에 가서 교회를 세우고 지도자를 세우고 다시 복음이 전해지지 않은 곳으로 떠나야 할 사람들이다. 지금으로 말하면 교회 개척자라고 할 수 있을 것이다. 사도에게 주신 사명이니까 이들은 어디에 가서든지 교회를 세우고 그 사명을 완수하기 위해 일했을 것이다. 그러므로 지상명령은 목회자에게 주신 가장 중요한 사명이며 교회에 주신 가장 중요한 사명이라고 생각한다. 지상명령에 비추어볼 때 교회가 해야 할 가장 중요한 일은 영혼을 구원하여 제자 만드는 일이다.

교회가 침체되고 목회자가 목회에 보람과 기쁨을 느끼지 못하는 것은 분명한 교회의 존재 목적을 놓치고 있기 때문이다. 신학교를 졸업했다고 해도 어떤 목표로 목회해야 하는지 모르는 사람들이 많다. 마치 성례식을 집례하고, 설교하고, 심방하고, 회의 주재하는 것이 목회 사역의 전부라고 생각하는 것 같다. 한마디로 성도들을 관리하는 것을 목회라고 생각하는 것이다. 그러나 거기에는 보람이 없다.

사역 목표가 분명하지 않을 때 목회는 피곤해진다. 마치 자전거에 올라 페달을 밟지 않고서도 쓰러지지 않으려고 애쓰는 것과 마찬가지이다. 얼마나 힘이 들겠는가? 페달을 밟고 앞으로 달리면 쓰러질 염려를 할 필요가 없다. 하지만 페달을 밟지 않은 채 한자리에 서서 쓰러지지 않도록 균형을 잡으려고 하는 것은 매우 어려운 일이다.

가정교회 세미나에 참석하신 한 목사님이 이런 말씀을 하셨다.

"세미나를 통해 왜 목회가 힘든지 알게 되었습니다. 제가 새로 부임한 교회는 역사가 오랜 전통적인 교회입니다. 장로님들의 파워가 막강합니다. 부임하자마자 이분들이 말씀하셨습니다. '목사님, 전도, 상담, 성경공부 인도 등은 우리 장로들이 할 테니까 목사님은 설교와 행정, 집례, 심방만 책임져주십시오.' 이분들이야 저를 생각해서 이런 제안을 했다지만 지금 생각해보니 목회의 기쁨과 보람을 맛볼 수 있는 기회를 모두 박탈당하고 있었습니다."

맞다. 주님의 명령에 따라 영혼을 구원하는 사역을 할 때 목회 사역에 참된 기쁨과 보람을 느낄 수 있다.

제자화 작업

영혼 구원의 열정을 가지고 전도에 집중하는 교회에는 당연히 새신자가 많이 생긴다. 그러나 그처럼 많은 사람에게 전도했는데도 교인 수가 그다지 증가하지 않는 교회도 많다. 이유가 무엇일까? 가장 큰 이유는 주님이 주신 지상명령의 일부만 실천하고 있기 때문이다.

지상명령의 궁극적인 목적은 제자를 만드는 것이다. 앞에서 지적한 대로 지상명령에 등장하는 '가고', '제자를 삼고', '침례(세례)를 주고',

'지키도록 가르쳐라'라는 네 가지 동사 중에서 명령형은 '제자를 삼고' 하나이며 나머지는 분사이다. 분명히 주께서 이렇게 말씀하셨다면, '제자를 만들고'를 명령형으로 쓰신 것은 다분히 의도적이라고 생각한다. 따라서 예수께서 주신 지상명령의 핵심은 제자를 만들라는 것이다.

그렇다면 제자훈련은 교회에서 실시해야 하는 필수적인 훈련이라고 할 수 있다. 어떤 교회를 지칭하며 '그 교회는 제자훈련 하는 교회'라고 하는데 이것은 우스운 말이다. 크리스천을 부를 때에 '예수 믿는 크리스천'이라고 부르는 것과 마찬가지이다. 크리스천이면 이미 예수를 믿는 사람이다. 여기에 '예수 믿는'이라는 수식어를 덧붙이는 것은 의미 없는 반복이 될 뿐이다. 교회도 마찬가지이다. '교회'라고 하면 그 단어에 이미 '제자를 키워내는 공동체'라는 의미가 포함된다. '예수 믿는 크리스천'이라는 말처럼 '제자훈련 하는 교회'는 동어(同語) 반복이다.

교회에서는 반드시 제자훈련이 이루어져야 한다. 이 목적을 위해 주님은 교회를 세우셨다. 그러나 제자훈련의 방식도 주님의 방식을 좇아야 한다.

전통적인 제자훈련법은 성경공부를 많이 하는 것이다. 여기에는 올바른 정보를 제공해주면 제자가 된다는 가정이 전제되어 있다. 제자가 되지 못하는 것은 제자 되는 법을 모르기 때문이며 따라서 제자가 되는 정보를 제공해주면 제자가 된다는 가정이다. 이런 성경공부에서는 제자의 의미를 설명하고, 제자가 되는 방법을 가르치고, 제자가 해야 할 일을 가르친다. 물론 실습도 하지만 보통 성경을 이해하고 성경구절을 암송하는 데 주력한다.

그런데 정보를 제공해주면 제자가 된다는 이 가정이 과연 옳을까? 아이를 키워본 분들은 아이들이 '듣고 배우기'보다 '보고 배운다'는 것을 잘 알 것이다. 부모가 어떤 가르침을 주었느냐보다는 어떤 삶의 모습을 보였느냐가 자녀들의 삶에 더 큰 영향을 미친다. 따라서 본을 보이지 않고 말만 하는 교육은 잔소리로 끝나기 쉽다.

이런 교육 원칙이 영적 자녀에게도 적용된다. 성경공부에 역점을 두는 제자훈련의 약점이 이것이다. 가르쳐서 제자를 만들려 하기 때문에 지식은 전달되지만 삶은 변화되지 않는 것이다. 예수를 믿고 나서 2,3년 정도까지는 성경공부 방식의 제자훈련이 효과적이다. 그러나 그후부터는 지식이 축적되는 것에 반비례하여 삶은 변화하지 않는, 소위 머리가 커지는 현상이 생기기 시작한다.

영적인 자녀도 육신의 자녀와 마찬가지로 듣고 배우지 않고 보고 배우는 것이다. 많은 교회에서 진정한 제자를 양육해내지 못하는 이유는 가르치는 교사가 없어서가 아니라 본을 보여주는 교사가 없기 때문이다. 크리스천이 세상을 변화시키지 못하는 이유 또한 정보가 부족해서가 아니라 모델이 없기 때문이다.

예수께서는 제자들을 훈련시키실 때 직접 행동으로 보여주셨다.

"이에 열둘을 세우셨으니 이는 자기와 함께 있게 하시고 또 보내사 전도도 하며 귀신을 내어 쫓는 권세도 있게 하려 하심이러라"(막 3:14, 15).

예수님이 제자들을 훈련하시는 핵심 방법은 '그들을 자기와 함께 있게 하시는' 것이었다. 즉, 같이 생활하면서 제자들이 직접 예수님을 보고 배우도록 하신 것이다. 가르쳐서 제자를 만들려고 하기보다 본을 보여서 제자를 만드신 것이다.

진정한 제자가 되기 위해서는 그에게 삶의 본을 보여줄 스승이 필요하다. 또 스승의 삶을 가까이 보고 배울 수 있는 작은 공동체도 필요하다. 가정교회가 바로 그런 제자를 양육할 수 있는 공동체 역할을 하고 있다. 서울교회에 삶이 변화하는 간증이 많은 이유도 여기에 있다. 한 목장(가정교회)의 참석 인원이 12명을 넘지 못하도록 한 것은 가족과 같은 친밀감을 유지하기 위해서다. 모여서 삶을 나누다보면 신앙 선배의 삶의 모습을 보고 또 그의 간증을 들으면서 자신이 급속히 변화되는 것을 경험한다. 신앙 선배의 삶을 본받아 직면한 문제를 신앙적으로 해결하는 법을 배우고 십일조의 축복에 대해 간증하는 것을 보고 들으며 십일조 생활을 시작하기도 한다.

영혼을 구원하는 교회 조직

교회의 존재 목적은 영혼을 구원하여 제자 만드는 것이다. 성도는 분명한 목표를 가지고 영혼 구원의 열정으로 들끓는 목회자에게 순종한다.

2003년도에 서울교회 한어부(韓語部)를 통해 예수 믿고 침례 받은 사람의 수는 168명이었다. 매주 3명 이상 예수님을 주님으로 영접하고 침례 받은 셈이다. 영어 장년부와 중고등부까지 전부 합치면 258명으로 매주 5명꼴이나 되었다. 앞서 말한 것처럼 휴스턴은 LA나 뉴욕, 시카고처럼 한인(韓人) 인구가 많지 않다. 그런 점에서 본다면 비율로 따져서 매우 많은 인원이 우리 교회를 통해 구원받아 성도가 된다고 할 수 있다.

미국남침례회는 미국에서 가장 큰 개신교 교단이다. 교단에 속한 교회 수만 해도 4만2천 개나 된다. 그 교단에서 침례를 많이 주는 교회 100군데를 선정했는데 우리 교회도 그중에 포함되어 표창장을 받았다. 수적으로는 우리보다 침례를 더 많이 베푼 교회들도 있었겠지만 교회의 규모와 소수 민족 교회라는 점 등을 고려한 선정 결과라고 생각한다.

영혼을 구원하는 교회가 되려면 교회 형태 또한 영혼을 구원하는 데 합당하도록 재구성해야 한다. 우선 불신자들이 쉽게 다가올 수 있는 조직이 되어야 한다. 기독교를 전혀 모르는 사람이 교회에 처음 나오는 일이나 목사를 만나는 일은 매우 부담스러운 일이다. 또 교회 예배 순서나 용어도 너무 낯설게 느껴져서 다시 찾아오고 싶은 마음이 생기지 않을지도 모른다. 전통적인 교회에서 불신자를 전도하는 일이 어려운 이유도 이런 문제 때문이라고 생각한다.

가정교회를 시작하게 된 것도 전통적인 교회에서는 불신자를 전도하기 어렵다는 문제의식이 계기가 되었다. 1970년대에는 부흥회가 전도의 강력한 수단이었다. 연세 드신 분들 중에는 부흥회를 통해 예수를 믿게 되었거나 부흥회를 통해 특별한 소명을 받은 분들이 많다. 그러나 요즘은 부흥집회를 통해 예수를 믿게 되는 예가 거의 없다. 어떤 분들은 성령의 열기가 식은 탓이라고 말하는데 나는 이에 동의하지 않는다.

시대가 변했다. 이 시대에는 부흥회가 더 이상 효과적이지 못할 뿐이다. 영혼 구원의 방법으로 부흥회가 더 이상 효과적이지 않다는 것을 깨달은 사람들이 여러 가지 새로운 방법을 시도해보았다. 총동원전도주일이나 영적 대각성집회 등을 개최하면서 이를 통해 소기의 열매도 얻었다. 그러나 이런 행사를 효율적으로 운영하는 일이 쉽지만은 않다. 이제 대부분의 교회에서는 마치 불신자 전도를 포기해버린 것 같다. 마땅한 전도 방법이 없기 때문이다.

그런데 기독교 역사상 가장 효율적으로 불신자를 전도한 모델교회가 바로 초대 신약교회이다. 이들은 소수의 무리로 시작하여 마침내 로마 제국을 기독교로 전복(顚覆)한 세력이다. 이것은 물론 성령의 역사였다. 성령의 나타남과 능력으로 이 역사가 일어나게 된 데는 특별한 교회 형태의 지원이 있었다. 그것이 바로 가정교회이다.

우리 교회에서도 각 가정교회에서 전도가 활발히 이루어지고 있다. 그러나 형식적으로 예배만 드린다든지 성경공부만 하는 식으로 각 가정교회의 모임이 이루어졌다면 전도가 활발히 이루어지기는 힘들었을 것이다. 가정교회 모임에서는 삶을 나누어야 한다. 본을 보여서 제자를 만드는 모임이니 만큼 삶을 드러내고 보여주어야 한다. 어떻게 자신의 삶에 성경적인 원칙을 적용시키고 있는지 서로 자연스럽게 나누다보면 초신자 또는 불신자라고 해도 그의 삶이 자연스럽게 성경적으로 변화하는 것이다.

이렇게 하다보면 하나님에 대한 궁금증도 생기고 예배에 대한 호기심도 생겨나 성경공부도 하게 되고 주일예배에도 참석하면서 마침내 예수님을 주님으로 영접하게 된다. 가정교회 모임에서 무턱대고 성경공부를 했다면 불신자들은 한 번 참석하고 다시는 오지 않을 것이다. 그러나 자신이 대화에 끼어들 수도 있고, 답답한 점을 하소연할 수도 있고, 구체적인 도움도 받을 수 있다고 생각하면 계속해서 모임에 나오게 된다.

불신자에게 집중하라

영혼을 구원하는 교회는 소원만으로 만들어지는 것이 아니다. 실제적인 시스템이 뒷받침되어야 한다. 어느 교회든지 전도를 중요하게 생각한다. 그러나 얼마나 진지하게 생각하고 있는지 파악하려면 교회 표어만 보아서는 안 된다. 예산 배정과 행사표를 보아야 한다. 전도가 중요하다고 말하면서 예산의 대부분을 영혼 구원과 상관없는 사역에 지출하는 교회가 얼마나 많은가? 행사 역시 기존의 성도들을 대상으로 하는 프로그램으로 채워져 있는 경우가 비일비재하다.

진정으로 영혼을 구원하는 교회가 되기 원한다면 재정적으로도 전도 대상자나 불신자들을 위한 지출을 늘려야 한다. 교회 활동에 있어서도 이미 신자가 된 분들을 위한 행사를 줄이고 믿지 않는 분들을 위한 행사를 늘려야 한다. 불신자들을 위해 예산을 사용하고 행사를 계획한다고 해서 오직 전도집회만 해야 한다는 것은 아니다. 영혼 구원과 관련이 깊은 부서 활동을 전폭적으로 지원하라는 것이다.

우리 교회에서는 이미 기존의 신자들을 위한 지출은 최소한도로 줄이고 가능하다면 헌금은 영혼 구원과 관계 있는 사역에 사용하려고 애쓴다. 찬양대도, 주일학교 교사들도, 교회 예산으로 식사하는 법이 없다. 주일예배 후에 있는 점심식사도 무료로 제공되지 않는다. 교회 홈페이지가 활발히 운영되고 있지만 주일설교를 동영상으로 띄우지는 않는다. 동영상으로 띄우려면 인터넷 라인도 고속으로 바꾸고 장비도 새로 구입해야 한다. 더욱이 홈페이지로 들어와서 동영상 설교를 시청하는 사람들은 교인이지 불신자가 아니라고 생각했기 때문에 원칙에 따라 동영상 설교에 예산을 지원하지 않기로 결정한 것이다.

그러나 영혼 구원과 관계 있는 사역에는 재정 지원을 아끼지 않는다. 예를 들면 우리 교회에서는 탁아시설비로 매년 수만 불씩 지불하고 있다. 불신자들과 젊은 부부들이 주중에 갖는 성경공부에 참가하도록 하려면 탁아를 책임져주어야 하기 때문이다.

영혼 구원에 앞장서서 일하는 사람들이 목자인 만큼 이들을 위한 수양회 비용은 교회에서 전액 부담한다. 각 목장에서 후원하는 선교사에게 선교비를 보낼 때에도 교회에서 동일한 금액을 지원한다. 여름에 단기 선교를 가는 사람들은 선교 여행비의 30퍼센트를 교회에서 부담한다. 이러다보니까 선교비 지출만 해도 교회 전체 예산의 3분의 1 정도나 된다. 어린이 사역자도 유치부, 유년부, 청소년부를 위해 풀타임 사역자를 세웠다. 어린이 교육이 영혼 구원 다음으로 중요한 사역이라고 생각했기 때문이다. 또한 어린이 사역을 통한 불신자 전도도 가능하다. 어린이 교육 기자재를 구입하는 데도 가능하면 돈을 아끼지 않는다.

전도하는 교회가 되려면 불신자 입장에서 생각해야 한다. 주일예배가 끝나면 방문한 분들을 새교우실에서 만나 면담하고 그 다음날 친필로 편지를 써서 보내는데 그때 설문지를 동봉한다. 교회의 첫 인상, 교회에서 느낀 좋은 점, 불편했거나 개선했으면 하고 바라는 점 등이 무엇인가를 묻는 질문이 담긴 설문지이다. 불신자들이 불편하게 느끼는 점을 과감히 개선하여 다시 오고 싶다는 마음을 심어준다는 의도로 기획된 설문지이다. 백화점에서는 종업원들에게 고객이 왕이라고 가르친다. 전도하는 교회가 되려면 불신자가 왕이 되어야 한다.

우리 교회에서는 새로 방문한 사람을 예배 중에 불러일으켜 세우지 않는다. 단지 호명하여 방문 사실을 인지시키기만 한다. 교회에 오래 다닌 사람이야 일으켜 세워서 축하 노래도 불러주고 선물도 주는 것을 관심과 사랑의 표시라고 느끼지만 교회를 처음 방문하는 사람들은 그렇지 않다. 이들은 자신에게 시선이 집중되는 것을 원치 않는다. 그럴 때는 이런 분들을 배려하는 마음으로 호명하며 예배를 마치고 새교우실로 와달라는 부탁의 말만 전하는 것이 좋다.

우리 교회에서는 보통 교회에서 사용하는 개역성경 대신 표준새번역성경을 사용하고 있다. 교회에 처음 나온 사람에게는 고어체로 번역된 개역성경이 낯설고 어렵게만 느껴져서 문화 충격을 받을 수 있다. 번역상 불만족스러운 면이 없지 않지만 교회에 처음 나온 분들의 이해를 돕기 위해 표준새번역성경을 사용한다.

설교도 불신자나 초신자들을 염두에 두고 준비한다. 설교를 초신자의 수준에 맞추면 믿은 지 오래된 분들도 은혜를 받을 수 있지만, 오래 믿은 분들에게 수준을 맞추면 초신자나 불신자를 모두 놓치게 된다. 가급적 종교적인 용어는 피하고 이해하기 어려운 단어가 나오면 간단히 설명하는 것도 잊지 않는다. 진심으로 전도하기 원한다면 실제 교회 조직과 운영을 불신자나 초신자 위주로 바꾸어야 한다.

기구와 활동을 축소하라

평신도에게는 교회가 인생의 전부가 아니다. 목회자는 이 점을 이해해야 한다. 평신도에게는 돌보아야 할 가정과 직장이 있다. 그러므로 목회자는 성도들의 시간과 에너지가 소홀하게 낭비되지 않도록 배려해주어야 한다. 성도들의 시간과 에너지는 꼭 해야 할 본질적인 사역에만 집중되도록 해야 한다. 그러기 위해서는 영혼 구원과 상관없는 활동을 줄여나가야 한다.

나는 담임목사로서 이 원칙을 철저히 지키려고 애쓴다. 공연히 우리 교인들이 동원되어야 하는 외부행사의 개최를 가급적 거절하고, 사역 부서도 영혼 구원이라는 큰 명제에 비추어서 과감히 축소했다. 화요일 저녁에 갖는 성경공부와 금요일 저녁의 가정교회 모임 외에 기존 부서 모임이나 활동을 점차 줄여나갔다. 주일에도 주일예배 외에 오후 시간은 가족과 더불어서 휴식할 수 있도록 해주어야겠다고 생각했다. 주일 저녁 예배당에 모여 저녁예배를 드리는 대신 가족끼리 모여서 예배를 드리도록 한 것이다.

주일 오후에는 전도 대상자를 심방하든지 가족과 함께 보낼 수 있도록 하기 위해 예배 후에는 목자와 목장 교사 모임 외에 아무 모임도 갖지 않도록 하고 찬양대 연습도 금했다. 그래서 찬양대 연습을 수요일로 옮기자 찬양대원의 수가 급격히 줄었다. 주일에 교회에 나온 김에 찬양대 봉사를 하던 분들이 많았기 때문이다. 하지만 지금은 수요일 연습에 나오는 헌신된 분들을 중심으로 더욱 은혜롭게 찬양하고 있다. 영혼을 구원하는 교회가 되도록 찬양대도 주중에 모여서 찬양을 준비하고 주일에는 전도에 집중하여 예배를 전후로 불신자들을 돌보는 사역을 하도록 한 것이다.

수평이동을 막아라

영혼을 구원하여 전도하는 교회가 되려면 기존 신자의 유입을 막아야 한다고 생각한다. 믿는 사람들이 모여서 교인 수가 늘면 여러 가지 문제가 발생한다.

첫째, 불신자에게 쏟아야 할 에너지와 재원이 이들을 관리하는 데 낭비된다.

둘째, 교인 숫자가 느니까 교회가 부흥한다는 착각이 들어서 전도 열기가 식는다.

특별히 중대형 교회는 믿는 이들의 수평이동을 막아야 한다. 불신자 전도가 얼마나 많은 노력과 에너지를 요구하는지는 해본 분들만 안다. 하지만 중대형 교회는 불신자 전도를 할 만한 자원을 갖추고 있다. 불신자 전도를 위한 조직도 만들 수 있고, 프로그램도 개발할 수 있고, 행사도 주관할 수 있고, 인력도 동원할 수 있다. 그러므로 중대형 교회는 이미 믿음을 가진 분들의 유입을 막고 불신자 전도에 적극 집중해야 한다. 이들이 찾아오니까 어쩔 수 없다는 식의 소극적인 자세를 버리고 작은 교회에 가서 돕고 섬기도록 권장해야 한다.

작은 교회에서 불신자 전도까지 감당하는 것은 매우 어렵다. 목회자가 전적으로 불신자 전도에만 매달려도 될까 말까다. 이렇게 어렵게 전도해놓고 나면 얼마 안 있다가 설교를 더 잘하는 목사님, 프로그램이 다양한 큰 교회를 찾아 떠나버린다. 어떤 때에는 대형교회가 이들을 적극적으로 포섭하여 데려가기도 한다. 이때 작은 교회 목사님의 상심이 얼마나 크겠는가?

우리 교회에서는 "예수님을 주님으로 영접하고 구원의 확신이 있는 분들은 약한 교회에 가서 돕고 섬기실 것을 권합니다"라고 아예 주보에 못박아놓았다. 이미 믿는 분들의 등록은 허락하지 않는 것을 원칙으로 했다. 기독교 계통의 신문이나 이 지역 신문에도 교회 광고는 내지 않는다. 이런 시책에도 불구하고 기존의 신자들의 등록을 완전히 막을 수는 없기 때문에 등록하기 원하는 분들은 소정의 절차를 밟도록 한다.

우리 교회에서는 등록 헌신을 하신 분들 가운데 기신자가 있으면 등록을 보류하고 구두와 서면으로 다른 두세 곳의 교회를 방문해보라고 권한다. 그런 다음에도 끝내 섬길 교회를 찾지 못하고 돌아올 경우에만 등록을 허락한다. 더욱이 같은 지역 내 다른 교회에 다니시던 분들이라면 아예 등록을 받지 않는 것을 원칙으로 한다. 이 지역에 우리 교회만 있다면 이런 식으로 믿는 분들의 등록을 거절하지는 못할 것이다. 그러나 휴스턴만 해도 교회가 30여 개나 된다. 교회생활을 오래 하신 분들이라면 쉽게 적응하고 열심히 섬길 수 있는 교회가 많다.

그러나 이미 믿는 분들의 등록을 막는 데는 또 다른 이유가 있다. 영혼을 구원하여 제자 만들겠다는 의지를 하나님 앞에 천명하는 의미이자 교인들에게 교회의 존재 목적은 오직 영혼 구원에 있다는 강한 메시지를 전달하기 위해서다.

이렇게 하면 교인들이 처음에는 이런 시책을 의아해 하기도 하고 불평도 하겠지만 나중에는 '우리 목사님은 정말 교회 성장보다 영혼 구원을 더 중요하게 생각하시는구나'라고 생각하게 되고 담임목사를 더 신뢰하게 된다. 또 전도하지 않으면 안 되겠다는 긴박감이 생겨서 전도에 더 열심을 내게 된다.

영혼 구원을 축하하라

영혼을 구원하는 교회가 되려면 영혼 구원의 기쁨을 교인 전체가 다 맛보도록 해야 한다. 전도의 참기쁨을 깨닫게 되면 동기 부여도 되고 열정이 생기기 때문이다. 그래서 불신자가 예수님을 영접하는 것을 기점으로 제자가 되어가는 과정 하나하나를 가능하면 공개적으로 축하하고 있다.

축하의 시작은 예수 영접이다. 우리 교회는 침례교회이기 때문에 주일설교 끝에 항상 초청의 시간이 있다. 회중이 헌신 찬송을 부르는 동안 등록하기 원하는 사람, 침례 받기 원하는 사람, 재헌신하고자 하는 사람, 담임목사의 기도를 받기 원하는 사람은 앞으로 나와 헌신한다. 이때에 예수를 믿기 원하는 사람도 앞으로 나와 헌신카드에 예수 믿기를 원한다고 표한다.

담임목사인 나는 예수를 믿기로 헌신한 사람들을 한 달에 한 번씩 사무실에 모이도록 한 다음 복음을 제시하고 예수님을 영접하도록 이

끈다. 특별히 이 모임을 '예수 영접 모임'이라고 부른다. 모임이 끝날 때쯤 되면 목자들이 와서 기다렸다가 예수님을 영접한 목장 식구들에게 좋은 자리를 마련하여 크게 축하해준다.

예수님을 영접한 사람이 침례 헌신을 하고 침례를 받게 되면 수요기도회에서 침례 증서를 주고 간증하는 시간을 갖도록 한다. 이때 짧은 5분간의 구원 간증이 침례 받고 간증하는 본인이나 간증을 듣는 회중에게 큰 은혜가 된다. 불신자가 예수 믿고 침례 받은 다음, 6주간 일대일 성경공부 교재인 「매일영적성장가이드」(도서출판 NCD 출간)까지 마치고 나면 주일예배 시간에 앞으로 나와 '허그'(hug)식이라는 것을 갖는다. 전(全) 목장 식구들로부터 장미 한 송이와 따뜻한 포옹을 선물받는 것이다. 이렇게 불신자가 구원받고 제자가 되어가는 과정을 전 교인이 다같이 축하해주는 일은 매우 의미가 깊다. 교회를 잔치 분위기로 만들고 성도들의 구령의 열정에 불을 당겨 전도에 더욱 열심을 내도록 하기 때문이다.

목사도 영혼 구원의 주체가 돼라

교회 사역의 초점을 영혼 구원에 맞추고 교인들에게 영혼 구원의 열정을 심어주는 것은 담임목사의 일이다. 목회자는 간접적인 지원에 머물지 말고 영혼 구원에 직접 참여해야 한다. 교인들은 하나같이 목사를 보고 배우기 때문이다.

시카고 근교에 있는 윌로우크릭 교회(Willow Creek Church)를 담임하는 빌 하이벨스(Bill Hybels) 목사 역시 직접 개인 전도를 하는 것으로 유명하다. 그러나 그 일은 참 어렵다. 불신자 전도를 하기 위해서는 시간을 같이 보내면서 관계를 개발해나가야 하는데 목회자가 그럴 만한 시간을 내는 일이 어렵기 때문이다. 그러나 우리 교회에서는 전도가 분업화되어 있어서 목회자인 내가 개인 전도를 하지 않더라도 영혼 구원에 참여할 수 있다.

보통 전도 훈련이라고 하면 불신자를 접촉하는 데서부터 신앙적인 질문에 답해주고, 예수님을 영접시키고, 영적으로 양육시키는 것까지 모두 포함한다. 그러나 이 모든 것을 다 잘 해낼 수 있는 성도는 그리 많지 않다. 그래서 보통 전도 훈련을 받는 동안에는 열심을 내지만 일단 훈련을 받고 나면 배운 것을 활용하지 않는다.

우리 교회에서는 전도를 분업화시켰다. 목장 식구의 소임은 불신자를 목장 모임에 데려오는 것이다. 일단 데려오기만 하면 그때부터는 목자가 돌보아준다. 목자는 담임목사인 내가 직접 인도하는 '가정교회 삶'이라는 성경공부로 불신자를 인도한다. 이 성경공부를 마치면 불신자나 초신자가 공통으로 갖는 의문에 답을 얻게 된다. 목장 식구는 불신자를 목자 모임으로 인도하기만 하면 되고 목자는 불신자를 성경공부반에 등록시키기만 하면 되고 나는 불신자들에게 복음을 깨달아 예수님을 영접하도록 이끌면 되는 것이다. 이처럼 각자 전도가 분업화되어 있기 때문에 영혼 구원이 잘 이루어지고 있다.

만일 담임목사인 내가 전도 대상자를 찾고, 그들과의 관계를 개발해야 한다면 얼마나 압박감을 느낄 것이며 만일 목자가 불신자가 가진 신앙에 관한 질문에 모든 답을 해주어야 하고 예수님을 영접시켜야 한다면 얼마나 부담스러울 것인가? 만일 목장 식구 혼자서 불신자를 돌보아 그를 교회로 인도해야 한다면 얼마나 힘에 부치겠는가? 목사와 목자와 목장 식구가 다함께 전도 사역을 분담하여 자신에게 맞는 역할을 감당하면 전도는 자연스럽게 이루어지게 된다.

특별히 예수님을 주님으로 영접하도록 하는 영접 모임은 반드시 담임목사가 인도해야 한다고 생각한다. 이에 나는 전에 섬기던 교회에서 '전도폭발'이라는 개인전도 프로그램을 도입하여 활용하였는데 그 결과 좋은 열매도 많았지만 한계도 느끼게 되었다.

첫째, 이런 프로그램은 교회에 다니는 분들에게 구원의 확신을 심어주는 프로그램이지 불신자를 위한 전도 프로그램은 아니다.

"오늘 이 세상을 떠나게 되면 천국에 갈 것을 확신하십니까?"

이런 첫 질문 자체가 불신자에게는 의미가 없다. 그들은 아직까지 하나님도 천국도 믿지 않기 때문이다.

둘째, 훈련 프로그램이기 때문에 대상자를 상대로 끝마쳐야 한다. 물론 이론적으로는 상대방의 반응을 보아서 중간에 멈출 수도 있지만 실제로는 그렇게 되지 않는다. 일단 시작하면 끝까지 복음을 제시하게 되고 영접하는 데까지 진행된다. 그러나 그러고 나면 어떤 경우에는 설익은 과일을 딴 것처럼 준비 안 된 사람을 억지로 영접시킨 것 같은 꺼림칙한 기분이 남게 된다.

셋째, 이런 식으로 예수님을 영접한 사람이 교회에서 신앙생활을 계속하는 경우는 그리 많지 않다. 개인 구원만을 강조하다보면 교회의 중요성까지 강조되지는 않기 때문이다.

넷째, 양육이 어렵다. 어떤 사람이 개인적으로 예수님을 주님으로 영접하도록 인도했다면 그는 다음 주에 다른 전도대상자를 찾아가야 한다. 물론 별도의 양육 팀을 만들어 지속적으로 돌보는 경우도 있지만 이때 예수님을 새로이 주님으로 영접한 사람은 자신을 주님 앞으로 인도한 사람에게 특별한 친밀감을 느끼기 때문에 다른 사람이 자신을 돌보는 것을 탐탁해 하지 않는다.

이런 한계에도 불구하고 '전도폭발'과 같은 프로그램은 구원의 확신이 없이 교회에 다니는 사람들에게 구원의 확신을 심어주는 데 아주 효과적이다. 또 복음을 정확하고 간결하게 설명하기 때문에 목회자라면 반드시 마스터해야 할 프로그램이다.

누가 교인인지 확실히 하라

영혼을 구원하는 교회가 되려면 교인에 대한 정의(定義)를 명확히 해야 한다. 많은 교회에서는 방문자가 방문 카드만 적어 내도 등록한 것으로 간주하는 경향이 있다. 그러나 그래서는 안 된다. 교회가 영혼을 구원하여 제자 만든다는 분명한 사명을 가진 사명 공동체라면 누가 공동체의 일원인지, 공동체 일원이 되기 위해 갖추어야 할 자격이 무엇인지 분명히 해야 한다.

우리 교회에는 두 종류의 교인이 있다.

첫째, '등록 교인'이다. 등록 교인이 되기 위해서는 예수를 믿지 않아도 좋고 타 종교를 믿어도 좋다. 주일설교 후 헌신 시간에 앞으로 나와 카드에 '등록하기 원합니다'라는 칸에 표기만 하면 된다. 그러면 주보함도 만들어주고 주일예배에 참석하지 못했을 경우 주보도 우송해준다.

둘째, '회원 교인'이다. 회원 교인이야말로 진정한 교인이다. 회원 교인은 신도 사무 총회에서 투표도 할 수 있고 교회 사역자로 임명도 받을 수 있다. 회원 교인이 되기 위해서는 예수님을 주님으로 영접해야 한다. 또 침례도 받아야 한다. 우리 교회가 속한 교단 전통을 존중하기 위해서다. 그리고 본인이 스스로 회원 교인이 되겠다고 신청해야 한다.

회원 교인 신청을 한 사람에게는 이혼이나 재혼의 경력이 있는지 없는지도 살핀다. 하나님께서 만들어주신 가정과 교회라는 두 공동체 모두 건강해야 영혼을 구원하는 사명을 올바로 수행할 수 있다고 생각하기 때문이다. 이혼 경력이 있는 사람의 인터뷰 결과 이혼 사유가 배우자의 불륜 또는 상대방이 이혼을 요구한 경우일 때는 더 이상 다른 이유를 묻지 않고 회원 영입을 허락한다. 이 이혼 경력의 경우 교회 사역을 맡는 데 전혀 지장이 없다. 그러나 본인이 원해서 이혼한 경우라면 좀 더 세심히 각 사항을 확인해보아야 한다.

"이혼이 죄라는 것을 인정하는가? 앞으로는 절대 이혼하지 않을 각오가 되어 있는가? 이혼에 따르는 위자료라든가 자녀 부양의 의무를 제대로 이행하고 있는가?"

이처럼 공식적인 검증 과정을 거쳐서 회원 교인이 되도록 할 경우 성도들은 교회의 일원이 된다는 것이 얼마나 큰 특권인지 깨닫는다. 또 구원 받지 않은 사람이 교회의 일원이 되어 주님의 사역을 저해하는 일도 미연에 방지할 수 있다.

선교와 자녀교육

지상명령의 종착점은 땅 끝이다. 예수께서는 모든 족속을 제자로 삼으라고 말씀하셨다(마 28:19). 그러므로 지상명령을 완수하는 교회가 되려면 전도뿐만이 아니라 선교에도 적극적인 관심을 가져야 한다.

우리 교회에서는 여름이 되면 청소년으로부터 장년에 이르기까지 많은 성도들이 선교 여행을 떠난다. 중등부 학생들은 일주일간 빈민가에 가서 숙식을 함께하며 여름성경학교를 운영한다. 고등학생과 대학생들은 장애자 캠프에 가서 장애자를 돌보는 등 세계 이곳저곳에 가서 봉사활동을 벌인다. 남미 선교, 특별히 멕시코 미전도 종족을 위해 매년 여러 팀이 지속적으로 방문하고 있기도 하다. 남미 인디언들에게 위생적인 식수를 제공해주기 위해 장비를 동원하여 우물을 파주는 사역도 벌이고 있다.

뿐만 아니라 130명의 해외 선교사들을 기도와 물질로 후원하고 있다. 이처럼 많은 선교사를 후원할 수 있게 된 것은 물론 각 가정교회 때문이다. 가정교회를 시작한 지 얼마 되지 않아 교인 전체의 선교 의식을 높일 목적으로 해외 선교사 후원을 시작하였다. 더욱 중요한 동기는 각 가정교회가 교회라는 의식을 심어주기 위해서였다. 그래서 1년이라는 기간을 주고 각 가정교회에서 후원할 선교사를 선정하도록 했다. 이때 후원 선교사는 교단이나 파송 단체에 상관없이 목장 식구가 아는 사람으로 선택했고 가정교회 명칭도 선교지 명칭으로 하였다. 아는 분을 후원할 경우 '우리 선교사님'이라는 친근한 느낌이 들어서 더욱 간절히 기도하게 되기 때문이다. 아는 선교사가 없는 목장은 선교사역원에서 추천하여 연결해주었다.

가정교회 선교사 후원은 기도 후원과 금전적 후원으로 이루어졌다. 지난 10년간 가정교회를 통해 전도에 집중해오면서 축적된 영혼 구원의 열정과 에너지는 자연스럽게 선교로 모아졌다. 이제는 장기 선교사로 지원하는 분들까지 속속 나오기 시작했다. 그러나 우리 교회는 개교회에서 자체적으로 선교사를 파송하지 않고 잘 알려진 선교단체의 파송을 받도록 하였다. 교회 자체로 선교사를 파송하면 재정적인 부담은 물론 훈련도, 관리도 어렵기 때문이다. 가능하면 우리 교회가 속한 미국 남침례회 해외 선교부 파송을 받든지 위클리프선교회 또는 OMF선교회 등 선교 역사가 깊은 단체의 파송을 받도록 하고 있다.

교회가 영혼을 구원하여 제자 만드는 교회가 되려면 자녀들의 신앙 교육에도 신경을 써야 한다. 자녀들에게 일찍부터 건강한 신앙을 심어 주면 그들이 자라 사회에서 빛과 소금의 역할을 할 수 있을 뿐만 아니라 복음 사역자가 될 수 있다. 영혼을 구원하여 제자 만드는 것을 교회의 존재 목적으로 하고 있는 서울교회는 가정교회를 통한 전도 다음으로 자녀교육을 주요 사역으로 삼았다. '자녀교육을 책임지는 교회'라는 캐치프레이즈를 내걸고 어린이 교육을 전담하는 사역자들을 전임으로 모셨다.

미국에서는 자녀 교육에 투자하는 것이 영혼 구원에 투자하는 일이다. 처음 미국에 거주하기 시작한 신앙을 갖지 않은 소수의 한인들에게 교회는 한국 사람을 만날 수 있고 한국 음식을 먹을 수 있는 유일한 장소였다. 그러나 이제는 어느 도시에 가든지 한인들이 많아져서 구태여 교회에 나오지 않아도 한국 사람들을 많이 만날 수 있고 한국 식당도 많아져서 돈만 내면 얼마든지 한국 음식을 사먹을 수 있게 되었다. 이제 믿지 않는 분들이 교회에 나온다면 그것은 자녀교육 때문이다. 미국 학교의 공교육에 염증을 느끼고, 아이들을 유혹하는 세상의 술, 담배, 섹스, 폭력의 유혹에 위협을 느낀 부모들이 눈길을 돌린 것이 바로 교회이다.

그러나 교회에서 어린이 교육이 제대로 이루어지기 원한다면 어린이 사역자가 장기적으로 사역할 수 있는 여건을 마련해주어야 한다. 생계 문제가 해결되지 않는다면 사명감만으로 사역을 온전히 지탱해 나가기 어렵다. 나는 서울교회에 부임하면서부터 우리 모두 동등한 사역자라는 의식을 심어주기 위해, 그리고 안정적인 사역을 도모하기 위해 매년 스태프의 사례비 인상을 추진했다. 나의 사례비는 동결시키고 내 인상분을 스태프에게 주도록 하였다. 이렇게 하니까 약 7년 만에 다섯 명의 사역자 모두 동일한 사례비를 받게 되었다. 이것은 서울교회의 사례이다.

모든 교회가 다 똑같은 사례비를 책정할 필요는 없다. 맡은 사역에 따라서, 목회 경력에 따라서, 가족 상황에 따라서, 차등을 둘 수 있다. 그러나 전문 사역자를 키우고 장기 목회를 할 수 있도록 돕기 위해서는 쪼들리지 않고 생활할 만큼 생활비를 책임져주어야 한다는 점만큼은 분명히 강조하고 싶다.

명예로운 은퇴를 예비하라

지속적으로 영혼을 구원하여 제자 만드는 교회가 되도록 하려면 후대까지 염두에 두어야 한다. 이렇게 하기 위해서는 담임목사가 은퇴와 승계까지 심각하게 고려해야 한다. 담임목사가 훌륭히 사역하여 부흥하던 교회에서 목회자 승계가 매끄럽게 이루어지지 않아 그 후유증으로 몰락해가는 상황도 쉽게 목격되기 때문이다.

지금은 상황이 많이 나아졌지만 수년 전만 해도 미주(美洲)에 있는 대형 한인 교회에서 평화스럽게 승계가 이루어진 예는 거의 찾아볼 수 없었다. 소송이 걸리고, 교회가 나뉘고, 수치스러운 기사가 신문에 보도되곤 하였다. 나는 휴스턴 서울교회에 부임하면서부터 명예롭게 은퇴하여 후임자에게 사역을 물려주는 것을 중요 사역 목표 중 하나로 삼았다.

승계 문제로 시끄러운 교회를 보면 보통 두 가지 문제로 의견이 분분하다.

첫째, 원로목사의 생활비 문제이다.

한국에서는 원로목사가 은퇴하면 아파트에 차에 매달 생활비까지 지원하는 것이 보통이다. 또 교회를 위해 일생을 바치신 원로 목사님을 이처럼 대접하는 것이 당연하다고 생각한다. 그러나 안타깝게도 바로 이런 원로목사 예우가 후임자를 결정하는 일과 그후 갈등의 원인이 된다. 은퇴하는 목사님 쪽에서는 아무래도 자신을 잘 돌보아줄 사람을 후임자로 찾게 된다. 그러다가 후임자가 기대한 만큼 대접해주지 않으면 배신감을 느끼게 되고 이로 인해 분란이 생기는 것이다.

둘째, 원로목사님의 사역 때문이다.

큰 교회에서 은퇴한 목사님은 은퇴 후에도 장학 재단이나 선교 재단을 만들어서 큰 사역을 계속하기 원한다. 그러나 이런 사역에는 돈이 필요하다. 자연스럽게 섬기던 교회에서 그 재원을 충당할 수밖에 없다. 그러나 후임 목사는 자기 나름대로 포부와 계획이 있다. 이를 위해서 역시 재원이 필요하기 때문에 서로 갈등이 생긴다. 이때 후임 목사가 교회를 떠나기도 하고 지지하는 교인들을 모아 따로 교회를 세우기도 하는 등 분란이 일어난다.

이런 것을 지켜보면서, 나는 은퇴하고 난 후 은혜롭게 승계가 이루어지도록 하기 위해서 다음 두 가지를 해야겠다고 결심했다.

첫째, 은퇴 후 교회와 재정적인 관계를 끊겠다.

내가 존경하는 목회자 한 분이 계신다. 여수 은현교회를 담임하시고 '기독교 하나님의 성회' 총회장을 역임하신 김정명 목사님이시다. 이분은 진정한 목회자가 되려면 예수님처럼 무소유로 살아야 한다고 믿고 그렇게 실천하는 분이시다. 부목사를 청빙할 때에도 무소유를 약속한 분만 모신다. 나는 이분의 목회 철학에 상당 부분 동의한다. 하지만 소유에 관해서만큼은 의견이 다르다.

나는 무소유(無所有)보다 유소유(有所有)를 주장한다. 물론 무소유가 필요할 때가 있다. 사도 바울이나 베드로처럼 사도적 사명을 받았거나 특수 상황에서 그럴 수 있다. 그러나 일반적인 교회 상황에서는 '합리적'인 유소유가 교회와 사역에도, 목회자에게도 필요하다고 생각한다.

오랫동안 사역해온 담임목사가 은퇴한 후 후임자의 사역을 돕는 방법은 교회와 재정적인 관계를 끊는 것이다. 그렇게 하려면 은퇴하기 전에 자기 집을 소유할 수 있도록 교회가 재정적으로 도와야 한다. 미리 집을 장만해두었다면 집값이 올라도 상관없는데 은퇴하기까지 기다렸다가 집을 장만해드리자니 엄청난 비용이 드는 것이고 그로 인해 잡음이 생기는 것이다. 나는 교회에서 목사관의 개념이 사라져야 한다고 생각한다. 그리고 미리 집을 장만할 수 있도록 적절한 지원을 하여 은퇴 후 잡음이나 부작용을 예방해야 한다고 생각한다.

이 원칙은 담임목사뿐만이 아니라 모든 사역자에게도 적용된다고 생각한다. 부교역자라도 그 교회에서 오래 사역할 분이라면 교회에서 집을 사주고 그러다가 부득이 교회를 떠나게 될 경우에는 집을 팔아서 교회에서 도와준 액수만 상환하고 떠나도록 하는 것이다. 우리 교회에서는 담임목사인 나를 비롯해서 모든 목회자가 집을 소유하고 있다. 계약금이나 첫 불입금을 지불할 여유가 없다면 교회에서 무상으로라도 대출해주는 것까지 고려한 바 있다.

은퇴로 인한 문제를 없애려면 일정한 액수의 은퇴보험도 들어두어야 한다. 은퇴한 후 매달 원로목사님에게 생활비를 지급하는 것이 교회에 부담이 될 수 있고 갈등의 요인이 될 수 있기 때문이다. 미리 은퇴보험을 들어두면 은퇴 후에는 생활하는 데 지장을 초래할 일이 없고 교회와 금전 관계를 끊어도 무방해진다.

우리 교회에서는 나뿐만 아니라 전 스태프에게 동일한 은퇴보험을 들어두었다. 또 12년 이상 사역한 뒤 다른 사역지로 옮기거나 은퇴를 하면 사역 1년마다 한 달치 사례를 전별금으로 드린다. 이렇게 준비해놓으면 은퇴한 후에 교회와 금전적인 관계를 깨끗이 끊을 수 있다.

둘째, 은퇴 후에도 큰 사역을 하려는 욕망을 버리겠다.

주님의 사역에는 은퇴가 없다. 이 말은 맞다. 사역이 달라질 뿐이다. 그러나 은퇴했다면 은퇴목사는 주연의 자리에서 조연의 자리로 물러나야 한다. 남의 눈에 띄는 사역은 후임자에게 맡기고, 남의 눈에 띄지 않는 사역을 해야 한다. 재정 지원이 필요한 사역은 후임자에게 맡기고, 별도의 재정 지원이 필요 없는 사역을 해야 한다. 결과가 확실한 사역은 후임자에게 맡기고, 결과가 확실치 않은 사역을 맡아 해야 한다. 우리 주위에는 눈에 띄지 않지만 필요한 사역들이 많다. 남들이 알아주지 않고 시간과 노력을 많이 쏟아 부어야 하면서도 열매가 적은 사역이다. 나는 목회자나 평신도 모두 은퇴한 후에는 이런 사역을 맡아야 한다고 생각한다.

나는 나 자신에게 계속 다짐하고 있다. 교회가 지속적으로 영혼을 구원하여 제자 만드는 사역을 할 수 있도록 은혜롭게 은퇴하겠다고. 은퇴한 후에도 계속 강단에 서겠다고 고집하지 않고, 큰 사역을 하겠다고 떼쓰지 않고 조용히 평신도처럼 섬기겠다고.

목사가 알고 싶은
**성도의
속마음**